班主任优化管理

主　编　孟　静
副主编　郭　洁　陈瑞芳　辛晓梦　宋　良
编　委　韩　磊　田　静　杨　阳　李　梅

中国海洋大学出版社
·青岛·

图书在版编目（CIP）数据

班主任优化管理 / 孟静主编 . -- 青岛：中国海洋
大学出版社,2022.9
　　ISBN 978-7-5670-3242-2

　　Ⅰ . ①班… 　Ⅱ . ①孟… 　Ⅲ . ①中等专业学校－班主任
工作　Ⅳ . ① G718.3
　　中国版本图书馆 CIP 数据核字（2022）第 152681 号

出版发行	中国海洋大学出版社

社　　　址	青岛市香港东路 23 号	邮政编码	266071
出 版 人	刘文菁		
网　　　址	http://pub.ouc.edu.cn		
电子邮箱	752638340@qq.com		
责任编辑	林婷婷	电　　话	0532 - 85902533
印　　制	日照日报印务中心		
版　　次	2022 年 9 月第 1 版		
印　　次	2022 年 9 月第 1 次印刷		
成品尺寸	170 mm × 230 mm		
印　　张	8.00		
字　　数	119 千		
印　　数	1～1 000		
定　　价	45.00 元		

目 录

第一篇

科学打造学生喜爱的主题班会

主题班会是学校开展德育工作最直接、有效的途径,也是学生进行自我教育的一种有效方式。所谓主题班会,是围绕一个主题,在班主任的组织和指导下,根据学生的兴趣和身心发展的特点,以学生为主体,经过一系列精心设计、策划的教育活动。

班主任是德育阵地的中坚力量,有效开展主题班会是搞好德育的关键。班主任可以通过主题班会掌握学生的思想动态,及时预防、纠正学生的思想问题。同时,一次好的主题班会还可以活跃学生的学习生活、启发学生的心灵、增强学生的智慧,并充分发挥集体的智慧和力量,让个人在集体活动中受到教育和熏陶,从而提高综合素质。可以说,一次好的主题班会的德育效果远远大于以说教形式为主的思想教育,对建设和谐有序、积极向上的班集体有着不可低估的作用。

如何筹备好一次既富有教育意义又受到学生喜爱的主题班会呢?下面四个原则一定要把握住。

一、目的明确,内涵丰富

主题班会必须有明确的教育目的,自始至终渗透着极强的教育性。教育主题的确定与设计,必须具有鲜明的教育目的性,绝不能搞形式、走过场。在策划主题班会时,必须教育目的明确,要知道主要是为了解决什么思想问题,应该设计怎样的案例或活动,应该如何贯穿丰富的教育内涵,从而达到教育目的、提高学生的认识。只有这样,主题班会才有实效,不会流于形式。

二、贴近实际,贴近学生

班主任应全面了解学生的心理特点、思想特点,明确学生的心理和思想既具有一般的发展特点,又具有鲜明的时代特点。班主任要根据学生的身心发展实际,设计有效的教育方法和合理的途径,进而制订科学的育人计划。同时班主任还需要明确,主题班会不是抽象的德育课,应是生动的、具体的,是师生之间、生生之间心灵的交流和思想的碰撞。因此,班主任在设计主题班会时应遵循"贴近实际、贴近生活、贴近学生"原则,把社会要求的思想观念和倡导的道德规范与学生的生活经验密切结合起来,以适应学生的身心特点,使学生产生浓厚的兴趣,从而充分调动学生的积极性,使学生在主题活动中受到教育、得到锻炼、增长技能、产生共鸣,并满足他们渴求新知、增长才干、关心时事、抒发情感、走向社会等多方面的诉求,对学生的成长和发展产生积极、正面的影响。

三、合理安排,形式多样

小组成员安排合理。主题班会的准备工作是很重要的一个环节,要让主题班会开得热烈、有实效,必须让学生全程参与班会活动形式设计、素材收集及课件制作,倡导人人参与班会,各展其长、各尽所能。这要求班主任应尽量动员大多数学生参与班会的各个环节,合理安排小组成员。安排学生分组时,除了本着学生自愿的原则之外,还需要注意搭配,从学生的性格、爱好、能力(组织能力、沟通能力、学习能力等)、特长等方面综合考虑小组的安排和小组成员的分工。

班会形式丰富多样。班主任要改变传统的"传达式"和"说教式"班会形式,努力探索设计新颖有趣的主题班会形式,可采用多种多样的形式对学生进行教育引导,比如在班会活动中设计辩论、小品表演、知识竞赛、问卷调查、榜样引导等形式点燃学生的创造性火花。班主任可以根据不同的主题选用合适的形式,也可以将几种形式结合起来。总之,一次主题鲜明的主题班会应融教育性、参与性、趣味性于一体,使学生热情高涨,积极参与课堂活动,令台上台下互动共情,让学生在丰富多样的活动中,不知不觉地提高自身的思想品德和综合素质,在轻松愉快的氛围中实现自我教育。

四、巩固成果,知行合一

主题班会结束后不应该只是班主任进行简单的总结,要使主题班会真正起到教育作用,决不能忽略最后一个环节,那就是深化主题、巩固成果、升华思想,也就是在班会后要进行"追踪教育"。主题班会活动之后,班主任要及时掌握来自学生的信息反馈,及时进行总结分析,如有必要,还需进一步对某些延伸的问题再次深入开展主题班会,继续深化教育成果。尤其要抓住学生思想情感方面的变化,继续加以引导,促其升华。例如在班会结束后,班主任可通过班级文化宣传、实践活动等多种形式强化教育,让学生真正做到知行合一。

总之,班主任一定要重视主题班会的意义,通过行之有效的方法,灵活运用多种形式,充分调动学生的积极性,提高学生的参与度,将班会主题活动开展好,进而从容面对班级管理工作,为将学生培养成能适应社会发展需求的新时代复合型技术人才做好思想上的引领。

敬畏自然,珍爱生命

一、总体设计

(一) 活动背景

2020 年年初,一场突如其来的疫情,就像在平静的水面里投下一颗石子,让我们平和安逸的生活泛起了层层涟漪。在疫情中,正是"逆行者"们的坚守职责、勇于奉献,才让我们的生活平安与幸福。放眼未来,待学生成长成才,国家、民族需要有人勇敢前行、担负责任之时,他们应该如何做? 通过主题班会,应让学生明白与青春一起到来的,不仅有关乎个体成长的烦恼,更应有关心国家的责任与担当。这次疫情来势汹汹,给全国上下造成不同程度的影响,引发无数人思考,给我们教训,也给我们许多警醒和启示,更给我们带来了无数的感动。通过班会,引导学生深刻感悟疫情当前,中华儿女"一方有难,八方支援"的无私胸怀和大无畏的担当,培养学生的家国情怀,强化学生的规则意识,让学生懂得要敬畏自然,珍爱生命,与大自然和平相处。

(二) 班情分析

本节班会的授课对象是会计专业高三的学生。大部分学生是独生子女,由于父母的溺爱,思考问题以自我为中心,加上文化知识较为薄弱,有的学生自信心不足,对他人、社会和国家漠不关心。班会召开在新冠肺炎疫情得到有效控制之后,学生度过了有史以来最漫长和紧张的寒假,目睹了中国抗击疫情的过程。经过这次疫情,我们意识到了尊重自然规律、珍爱生命的重要性。

(三) 教育目标

知识目标:了解生态和谐共生的重要性,正确处理人与自然的关系。

情感目标:强化规则意识,敬畏自然,珍爱生命,形成人与自然和谐共生的理念。

行为目标:树立生态道德意识,参与班级建设,为社会生态良性发展出一份力。

(四) 教育方法

陶冶法、讨论法、品德修养指导法、情感体验法。

(五) 设计思路

环节名称	环节内容	活动时间
导入:播放视频	播放视频,引出主题	5分钟
第一环节:感知——遵循自然法则	问题思考,观看影片	10分钟
第二环节:认识——了解生态平衡	播放微课,感悟内涵	15分钟
第三环节:反思——加强生态道德建设	案例引导,畅所欲言	5分钟
第四环节:落实——树立生态道德意识	战疫英雄,汲取力量	5分钟

(六) 活动准备

1. 教师准备:所需视频、新闻资料、课件等素材。

2. 学生准备:影片观后感、学生自制视频、氛围营造。

二、实施过程

导入:播放视频

播放学生"声援武汉"自制视频。

● 设计意图:营造氛围,引入主题。

第一环节:感知——遵循自然法则

引发学生思考遵循自然秩序和自然法则的重要性。

1. 观看动画《蝙蝠和病毒》,思考问题:蝙蝠为病毒携带者,但疫情的出现是不是它的错?

2. 提前观看影片《传染病》和《大自然在说话》,展示学生的观后感。

结合当下疫情引发对"敬畏自然"的感悟和思考。

● 设计意图:通过视频展示烘托气氛,产生直观且富有感染力的效果,引发思考。

第二环节:认识——了解生态平衡

1. 播放"秒懂百科",让学生明白生态平衡的含义。

生态平衡(ecological equilibrium)是指在一定时间内生态系统中的生物和环境之间、生物各个种群之间,通过能量流动、物质循环和信息传递,使它们相互之间达到高度适应、协调和统一的状态。

2. 归纳总结生态平衡的重要性:

(1)展示"简易生态平衡图"。

(2)思考:如果系统中的任何一部分缺失,对整个系统链将带来什么影响?

(3)分析:任何一部分的缺失将导致整个链条的断裂,其他部分也将面临毁灭。

(4)结论:遵循自然规律,保护生态平衡非常重要。

● 设计意图:通过共同的讨论学习,让学生明确生态平衡的内涵,正确认识生态平衡的重要性。

第三环节:反思——加强生态道德建设

通过案例引导学生反思,深刻认识加强生态道德建设的重要性。

1. 列举历史上破坏生态平衡的四大事件,学生根据案例所带来的后果,反思人类行为。

(1)1895 年澳大利亚"兔泛滥"。

(2)1906 年美国为保护鹿群捕杀肉食动物。

(3)美国于 1929 年鳟鱼减产,破坏水产资源。

(4)20 世纪 30 年代我国的水葫芦泛滥成为"生态癌症"。

2. 思考:时至今日,人类是否仍然存在类似的破坏生态平衡的行为呢?

活动:学生列举所闻所见的破坏生态行为。

3. 教师归纳总结 2020 年全球各项"灾难"。

(1)自然灾害:澳大利亚大火、蝗虫蔓延。

（2）针对动物与人的病毒：非洲猪瘟、禽流感。

（3）针对人类的病毒：新冠病毒、美国新型流感。

● 设计意图：通过列举案例，分析"灾难"产生的原因，讨论加强生态道德建设的重要性。

第四环节：落实——树立生态道德意识

培养学生树立生态道德意识，参与班级建设，为社会生态良性发展出一份力。

1. 致敬最美"逆行者"：滚动播放"战疫英雄"照片。

2. 如何做——国家层面。

中共中央、国务院印发的《新时代公民道德建设实施纲要》明确将"积极践行绿色生产生活方式"纳入"推动道德实践养成"层面。

3. 如何做——学生层面。

设问：所有人都应该做一个负责任、有担当的人，你的责任和担当是什么？

师生畅所欲言，分享观点。

● 设计意图：通过直观生动的照片，让学生受到感化和教育，从英雄精神中汲取力量，推动道德实践养成。

三、拓展延伸

1. 教师总结：人类不应是大自然的主宰者，而应是大自然的保护者，因为保护环境，不是为了拯救地球，而是拯救人类自己！只有建立命运与共、和谐共生的理念，人类才可以走得更远！热爱生命不是一句空话，它不仅表现为对自己生命的珍爱，也表现为对他人生命健康的尊重；它不仅表现在语言上，更表现在实际的行动中；它不仅反映在和平年代，更反映在危难之时！

2. 延伸活动：通过深刻思考与小组研讨，探寻中职学生作为普通公民在维护生态系统以及对待生命这一课题中应肩负的责任与使命，并形成行动指南；疫情过后，走出家门，以"健康生态，美丽青岛"为主题，拍摄 3～5 分钟的微视频，上传班级微群，进行评选。

愿你被网络温柔以待

一、总体设计

(一)活动背景

习近平总书记在全国网络安全和信息化工作会议中强调,没有网络安全就没有国家安全,就没有经济社会稳定运行,广大人民群众利益也难以得到保障。2017年6月1日,《中华人民共和国网络安全法》实施,《网络安全审查办法》也于2020年6月1日起实施。自2014年以来,中央网信办会同相关部门连续五年举办"国家网络安全宣传周"活动。大数据、人工智能、全球信息化普遍的今天,互联网成了一把双刃剑,既为人类造福、提供便利,也不可避免地给人们带来了负面的影响。高中生价值观没有完全形成,面对海量网络信息,真假难辨,如何为互联网插上安全翅膀,是时代发展的新课题。

(二)班情分析

本节班会的授课对象是会计专业高二学生。他们青春洋溢,思维活跃,熟练掌握网络操作,乐于接受新事物,做事条理性强,具有一定的创新精神和创新能力。一年多的会计专业学习使学生们具备一定的会计专业职业素养,因此在进行前期社会调查时,他们的方案设计缜密,调查扎实有效。

(三)教育目标

知识目标:认识网络安全,感知网络文明素养对社会和学生成长的重要性,并学会合理利用网络,做维护网络安全的好少年。

情感目标:客观审视自己是否有过"网络传谣""网络欺凌"行为,正确认识维护网络安全的重要性;正确抵制各种网络安全问题,自觉提高网络文明素养。

行为目标:提高自我约束力,从自身做起,不做违反网络安全的违法者;学会保护自己,不做网络受害者;全班形成文明安全上网良好氛围,自觉抵制不良上网行为。

(四) 设计思路

环节名称	环节内容	活动时间
导入: 经典案例展示	案例再现,引出主题	8 分钟
第一环节: 认识网络安全问题	游戏活动,认识问题	14 分钟
第二环节: 分析网络问题产生的原因	播放视频,分析原因	5 分钟
第三环节: 做维护网络安全好少年	学习法条,寻找措施	13 分钟

(五) 活动准备

各种网络安全资料、视频以及相关多媒体课件。

(六) 教育方法

陶冶法、讨论法、情感体验法。

二、实施过程

导入:经典案例展示

1. 展示两个真实新闻案例

案例一:"2020 年肖战网络暴力事件" 相关新闻图片。

教师点评:由于网络用户的匿名性与隐蔽性,网络暴力已成为威胁网络环境一大毒瘤。许多网民通过互联网发表具有侮辱性、伤害性的失实言论,对当事人人格权造成严重损害。

案例 2:淘宝客服远程协助——骗钱。

陈某在一家淘宝网店购买了一台 42 寸标价 2 003 元的电视机,但因操作失误多付了 2 003 元。因退款心切,在客服的要求下,陈某加了对方 QQ,让对方远程操控自己的电脑"帮助退款",结果被对方分 7 次转走 6 万余元。

2. 头脑风暴:中学生之间存在网络暴力吗？你或者你身边的同学有没有在网上被骗过？

展示:中国社科院《社会蓝皮书:2019年中国社会形势分析与预测》一书。

教师点评:通过蓝皮书数据统计分析,青少年通常以"侮辱性词汇""恶意图片""文字恐吓"进行网络施暴,看似无害的"感性表达"一旦过度情绪化,经过传播、加工、积累,就很容易变成网络暴力。

● 设计意图:通过真实案例和具体数据,让学生直观感受社会中的网络安全问题,引发学生深度思考。

第一环节:认识网络安全问题

1. 游戏:"是或否"

学生通过游戏形式判断相关行为是否是危害网络安全的行为。

教师点评:明确网络安全的含义。中学生暴露的网络安全问题主要有网络暴力、信息泄露、浏览不良信息、网络诈骗等。其中网络暴力尤为突出。网络暴力是指一类由网民发表在网络上的并且具有"诽谤性、诬蔑性、侵犯名誉、损害权益和煽动性"的言论、文字、图片、视频,这一类言论、文字、图片、视频会对他人的名誉、权益与精神造成损害。网络暴力是网民在网络上的暴力行为,是社会暴力在网络上的延伸。

2. 播放视频:"法官讲故事"

思考:"施暴者""受害者"的惨痛结局是什么？你有没有不小心成为"施暴者"或"受害者"？归纳网络暴力的危害性。

方法:两组比拼,获胜组加分。

教师点评 1:网络暴力事件中没有赢家,双方均为受害者。学生日常生活中一句自以为正义的话语、一次随意的无端揣测、一次未经深思的转发,都有可能给他人"致命一击"。同样,在大数据的今天,外卖可能暴露饮食习惯,网约车可能暴露工作单位或者家庭地址,会员注册可能暴露自己喜好,网络隐私泄露使我们成为网络"受害者"。

教师点评 2:网络暴力危害很广,主要有以下几方面。第一,网络暴力混淆真理。真理在传播的过程中被歪曲混淆,网络暴力事件往往是真理被曲解的过程,这个过程混淆了对与错,真假难辨。第二,网络暴力中,参与者非理性的群体攻击侵犯了网络暴力事件当事人,对当事人的身心造成严重伤害,并直接侵扰了当事人的现实生活。第三,网络暴力严重危害网民道德价值观。人在思维上有一种惯性,就是有时会过于坚信某一方面的观点,并通过其他信息的搜寻不断地强化自己的观点,把错误的观点当成是真理。第四,网络暴力事件加速个人信息的泄露,阻碍和谐社会的发展。

3. 小活动:写写身边小故事——"你有没有过?"

过程:每位同学准备一支笔、一张纸,匿名写下你有没有网络不良行为。

教师点评:现在网络谣言、网络攻击等网络安全问题时有发生,中学生面对这些问题的时候,由于未知和好奇,会抱着试一试的心理去"尝试",后果非常严重。

● 设计意图:通过游戏增强学生参与性,法官的引入具有权威性,且以故事形式呈现,学生易于接受,最后通过"写写身边小故事",让学生共情且思考。

第二环节:分析网络安全问题产生的原因

过程:观看泰国公益广告《停止网络暴力,不做键盘侠》,并结合身边网络安全问题案例,带领学生分析网络安全问题产生的原因。

教师预设归纳原因:

(1)网民年轻化,易冲动。

(2)网络具有虚拟性,利于隐瞒身份,且"网络暴民"成本低。

(3)网络媒体的商业化运作中需要"创意"。

(4)家庭网络使用引导困局。

(5)学校网络文明素养教育缺失。

● 设计意图:通过播放具有强烈感染力和代入感的广告视频,营造氛围,引导学生积极思考。

第三环节:做维护网络安全好少年

进行网络文明素养教育,让学生学会怎样远离网暴、如何安全上网,做维护网络安全好少年。

过程:欣赏两会图片、法条截图。

教师点评:如何做——国家层面。

(1)国家互联网信息办公室发布《网络信息内容生态治理规定》,自 2020 年 3 月 1 日起施行,旨在营造良好网络生态。

(2)国家要求相关网络平台和互联网企业也要探索用新的数字技术,为未成年人打造一个健康、友好的网络环境,承担相应的社会责任。

(3)构建社会、家庭、学校与学生"四位一体"的人才培养命运共同体。

(4)开展有中国特色的青少年网络文明素养培养活动。

(5)新华社北京 5 月 22 日电,国家网信办即日起在全国范围内启动为期 8 个月的 2020"清朗"专项行动。

(6)民法典筑起网络暴力防火墙。

(7)《网络安全审查办法》自 2020 年 6 月 1 日起实施。

思考:如何做——学生层面。

过程:观看视频《法官对你说如何远离网络暴力》以及《护苗,青少年网络安全小动画》。

教师预设如何做:

(1)独立思考,不做跟风者。

(2)保护信息,不做传播者。

(3)及时求助,不做忍受者。

(4)珍爱自己,保护个人信息安全。

(5)远离不良信息,做合格小公民。

(6)提高安全意识,网络诈骗不掉坑。

(7)拒绝非法及盗版读物,清朗阅读环境。

● 设计意图:通过展示国家在维护网络安全方面的相关权威性举措,引导学生思考如何远离不良上网。

三、拓展延伸

1. 教师总结

我国网民中,从年龄结构上看,10～29 岁年龄段最多,占比 41.5%;从职业结构上看,学生群体网民人数最多,占比 26.0%。这说明青少年是我国网民的主要群体。高中生处于价值观定向的分水岭,信息筛选辨别能力有一定欠缺,而信息泄露、网络欺凌、网络低俗内容等各种网络安全问题在这些群体中频频出现。所以,高中生一定要增强网络文明素养,做维护网络安全的好少年。

2. 延伸活动

(1)给自己曾经"网络暴力"过的同学写封道歉信。

(2)根据本节课所学,全班同学撰写"争做网络安全小卫士倡议书"。

"机"不可失,"时"不再来

一、总体设计

(一)活动背景

2021 年 1 月教育部办公厅印发了《关于加强中小学生手机管理工作的通知》,要求中小学生原则上不得将个人手机带入校园,禁止带入课堂。

目前,高中生自我监控的一个突出问题是对手机的自我监控能力不强。随着手机的日益普及,学生使用手机给学校管理和学生发展带来诸多不利的影响。

(二)班情分析

本节班会的授课对象是报关与国际货运代理专业的学生。课前调查问卷结果显示,班里 95% 的学生拥有智能手机,84.2% 的学生因不合理使用手机而学习成绩下降,45% 的学生喜欢或沉迷手机游戏,52.6% 的学生因迷恋手机出现人际交往能力减弱、亲情缺失等现象。因此处理好手机和学习的关系,促进自我监控能力发展,已成为提升学生学习、生活质量的当务之急。

（三）教育目标

知识目标：了解手机的多元功能和理性使用的必要性，明确智能化是社会发展的必然趋势，掌握合理使用手机的策略。

情感目标：体会手机及网络的潜在风险，建立远离网络污染与伤害的情感联结。

行为目标：探索规避网络风险的对策，形成自我管理和控制的能力。

（四）教育方法

讨论法、头脑风暴法、体验法。

（五）设计思路

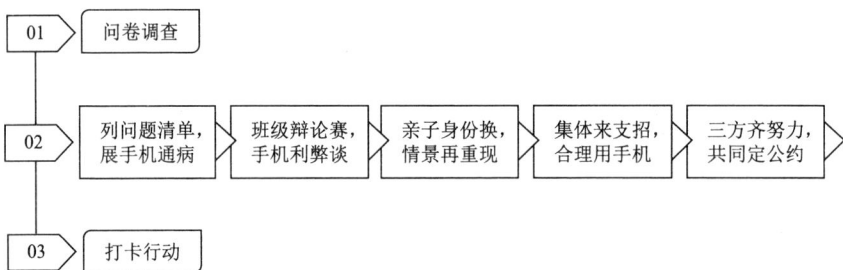

（六）活动准备

1. 教师准备：调查问卷，准备多媒体，联系家长及任课老师。
2. 学生准备：完成调查问卷，收集相关资料，准备情景剧、辩论赛内容。

二、实施过程

第一环节：列问题清单，展手机通病（8分钟）

展示课前的调查问卷，列出问题清单。手机通病主要表现在两个方面：一是耽误了学习，二是减少了亲情交流时间。

● 设计意图：通过问卷调查，发现本班学生在手机使用上存在的问题，引发学生和家长的共同思考——拿着"手机"，错过了"时机"。

第二环节：班级辩论赛，手机利弊谈（8分钟）

学生分为正反两方，辩论使用手机的利弊，明确手机本身并无好坏。若合理使用利大于弊;若不能合理使用,它就会产生或大或小的危害。

● 设计意图:通过指导学生对遇到的问题和现象进行更深层次思考、表达、判断和选择,引导学生客观、辩证地看待问题,了解手机的多元功能和理性使用的必要性,明白手机的作用具有两面性,认识到"手机有风险,使用须理性"。

第三环节:**亲子身份换,情景再重现**(10 分钟)

学生和家长自编自演,由家长饰演学生,学生扮演家长,重现学生在家中沉迷于手机游戏的情景,反映手机使用不当在日常生活中产生的冲突和烦恼。

● 设计意图:通过家长和孩子身份互换,寓教于剧,丰富亲子共处的时光,产生共情。通过观看情景剧,引导家长了解学生的感受,反思自己的行为,同时让学生有机会冷静思考。

第四环节:**集体来支招,合理用手机**(9 分钟)

1. 头脑风暴,集智慧:每个人想出一个合理使用手机的小妙招。

2. 适时追问,引思考:引导学生学习自控、自律、合理使用手机的方法。

● 设计意图:通过小组讨论,引导学生总结出具体实际可操作的自律、自控措施,从而激发学生的认知力和思辨力。同时全员分享可催生学生的责任心,促使个体乐意为自己提出的主张承担责任。

第五环节:**三方齐努力,共同定公约**(5 分钟)

学生、家长、教师共同制订手机使用的规则,三方在《手机使用公约》上签字。

● 设计意图:通过三方共同签订公约,明确三方的责任。家长和教师做榜样,进行监督;学生随着认知深入和情感提升,形成价值观并推动自发行动。唯有学生将控制手机的过度使用看作自己的责任,才能将执行力落到实处。

三、拓展延伸

根据 21 天习惯法则,活动结束后的三周时间督促学生完成手机使用打卡活动——在家长、教师共同鉴定下,手机使用合理的学生填写"我的手机我做主"卡片,每天能遵守约定的就在卡片上画上笑脸,集齐 21 天笑脸的学生获得

"自律小明星"称号。

厉行节约,反对浪费

一、总体设计

(一) 活动背景

《中等职业学校德育大纲(2014年修订)》中德育目标要求中职生树立安全意识、环保意识、节俭意识、廉洁意识,珍爱生命,尊重自然。2020年8月,习近平总书记对制止餐饮浪费行为作出重要指示,他指出要进一步加强宣传教育,切实培养节约习惯,在全社会营造浪费可耻、节约为荣的氛围。学校抓住在新冠肺炎疫情的冲击下,粮食安全的重要性更加凸显这一教育契机,开展"世界粮食日"主题系列活动,培养学生珍惜粮食、珍爱生命的意识,倡导学生以实际行动在日常学习和生活中厉行节约,反对浪费。

(二) 班情分析

本节班会的授课对象是中职护理专业高一的学生。他们思维活跃、眼界开阔,懂得运用网络获取资讯。他们自我约束力较差,行为容易受兴趣的支配。高中阶段的学生虽然有节约意识、环保观念,但缺乏具体的节约行为的指导及培养节约习惯的全面教育。所以此阶段应进一步提高学生"节约光荣,浪费可耻"的意识,明确厉行节约、反对浪费"从我做起,从小事做起"的重要性。

(三) 教育目标

知识目标:了解"世界粮食日",懂得粮食安全对于我们国家的重要性。

情感目标:认同国家"厉行节约,反对浪费"的倡议,感受榜样的示范作用与力量,激励学生形成节约意识。

行为目标:在日常生活中,逐渐养成勤俭节约的好习惯,自觉抵制网络及生活中的铺张浪费现象,有意识地带动身边人加入厉行节约的行列。

（四）教育方法

小组讨论法、情景体验法、情感陶冶法。

（五）设计思路

环节名称	环节内容	活动时间
导入： 主题导入，引思明理	播放视频，感化教育	3分钟
第一环节： 古今对比，唤醒思考	观看采访，了解国情	5分钟
第二环节： 故事分享，诗词话节俭	畅谈感想，感悟内涵	13分钟
第三环节： 校园大调查	讨论发言，明确责任	5分钟
第四环节： 学习进行时，榜样在身边	学"习"时刻，汲取能力	6分钟
第五环节： 建设节约型社会我能行	希沃游戏，寓教于乐	3分钟
第六环节： "世界粮食日"快闪预演	宣传活动，社会呼吁	8分钟
第七环节： 共定目标，厉行节俭	总结延伸，节俭宣誓	2分钟

（六）活动准备

1. 教师准备：辅助学生排练快闪活动；把握班会主题方向，适时组织引导，提升总结。

视频1：录制教师的孩子背诵《悯农》的视频。

视频2：联合国"世界粮食日"宣传片。

视频3：央视面对面专访《袁隆平：梦想不息》。

视频4：高年级学姐《校园节约新风尚》视频。

2. 学生准备：天使队、梦想队搜集名人节俭故事；超越队、青春队调查身边校园内浪费现象并拍照；参与学校"世界粮食日"系列活动，四支队伍分别为快闪活动积极准备。

二、实施过程

导入：主题导入，引思明理

播放教师的孩子背诵《悯农》的视频、联合国"世界粮食日"宣传视频。

● 设计意图：通过视频的播放，引起学生共鸣，使学生体会到节约的重要性。

第一环节：古今对比，唤醒思考

1. 教师引导：勤俭节约是中华民族璀璨文明中的宝贵精神财富。古代文人崇尚节俭，民间百姓也把节俭看作是持家有道的生活智慧，讲究的是通过有规划、有节制地使用物品，不但可以避免匮乏，而且会积少成多。勤俭节约的传统美德，反映出外在有节制使用和内在控制欲望的辩证统一。

2. 随机采访：你和父母去饭店吃饭，会怎样点餐？和朋友外出吃饭打包剩菜剩饭，你会不好意思吗？

● 设计意图：通过古今知识引领、随机采访引发讨论，唤醒学生独立思考。

第二环节：故事分享，诗词话节俭

1. 小组展示：观看央视面对面专访《袁隆平：梦想不息》。

2. 分组讨论：说一说这段视频给自己留下印象最深的部分。

● 设计意图：通过榜样引领，使学生认识到粮食的重要性。

第三环节：校园大调查

分组分享：

1. 讲述名人节俭故事：苏轼《房梁挂钱》、毛泽东《毛泽东的节俭》。

2. 共同朗读经典诗词：历览前贤国与家，成由勤俭败由奢。一粥一饭当思来之不易，半丝半缕恒念物力维艰。

● 设计意图：通过故事，让历史上名人的节约行为感动现在的学生。营造向前人学习的氛围，启发学生畅谈感受和打算。

第四环节：学习进行时，榜样在身边

观看学姐榜样微视频《校园节约新风尚》。

● 设计意图：通过发挥正面榜样的力量，帮助学生了解国家对广大学生节俭的要求，培养学生分析感悟的自主性。

第五环节:建设节约型社会我能行

教师总结学生可以做到的节约行为,例如垃圾分类、光盘行动、一水多用。

● 设计意图:通过碎片式案例分享,促使学生进一步督促自己从身边事做起,为建设节约型社会贡献力量。

第六环节:"世界粮食日"快闪预演

天使队:漫画漫谈《吃不了兜着走》

梦想队:快板《舌尖节约新风尚》

超越队:手势舞《劝君善待盘中餐》

青春队:三句半《厉行节约共倡导》

● 设计意图:通过各种形式的宣传表演,锻炼学生的表达能力,唤起学生的宣传意识,呼吁身边人加入厉行节约、反对浪费的行动。

第七环节:共定目标,厉行节俭

全班同学宣誓:节约用水,适量使用;节约用电,随手关灯;节约粮食,科学饮食;适度消费,精打细算;珍惜纸张,合理利用;爱惜图书,循环使用;减少垃圾,分类存放;互相监督,形成风气。

● 设计意图:通过齐声朗读,形成班级共同奋斗目标,振奋学生精神,增添学生节约动力,激发学生责任感、荣誉感和归属感,从而形成强烈的班级向心力、凝聚力。

教师总结:一粒粮食饱含滴滴汗水,一张餐桌传承优良品德。让我们一起携手,让节俭用餐和"光盘行动"成为公众价值追求和行为自觉,形成厉行节约、反对浪费的社会风尚。生活中倡导科学、健康的生活方式和理性、平和的消费心理,在全社会营造理性消费、健康饮食的良好氛围,形成"简约餐饮"的时尚新风。

三、拓展延伸

结合学生护理专业的特点,谈一谈未来实习及工作岗位上应该如何厉行节约,反对浪费。对于这一主题可进行阶段性班会,巩固成果。

践行社会主义友善观,
争做和谐温暖好同学

一、总体设计

(一) 活动背景

按照习近平总书记关于在社会主义核心价值观要从娃娃抓起、从学校抓起的讲话精神,紧紧围绕"三个倡导"的基本内容,坚持立德树人,将培育社会主义核心价值观融入教学全过程,使学校师生成为社会主义核心价值观的践行者和传播者。社会主义核心价值观起着统率社会价值理念、社会价值尺度的核心作用。在青少年的价值观形成时期,帮助、引导他们树立起正确的价值观,具有十分重要的历史意义。

(二) 班情分析

本节班会的授课对象是五年一贯制商务日语专业高二的学生,他们经过高一一年的磨合,已经渐渐熟悉,有些同学之间建立了深厚的友谊,互助友爱,也有些同学因为行为习惯各不相同,不能相互理解,甚至因年轻气盛而互有怨气。

(三) 教育目标

知识目标:了解友善的意义,理解"友善"的内涵。

能力目标:树立正确的价值取向,学会友善地换位思考、友善地表达与交流。

行为目标:通过学习,树立正确的交友观,在生活中,从点滴做起,让友善成为一种习惯。

(四) 教育方法

情境导入、讨论法、品德修养指导法、情感体验法。

(五) 设计思路

环节名称	环节内容	活动时间
导入： 播放《友善歌》	播放动画,引出主题	6 分钟
第一环节： 点赞校园里友善的事例	大家说,找一名学生在黑板上简要列出	10 分钟
第二环节： 列举校园里的不和谐音符	播放校园冷暴力视频,畅谈感想	9 分钟
第三环节： 友善——"心"的呼唤	教师讲授青春期人际交往特点	5 分钟
第四环节： 日行一"善"小倡议	小组列出一周要做的友善之举	8 分钟

(六) 活动准备

1. 教师准备：所需视频、音乐、PPT 等素材。

2. 学生准备：氛围营造、黑板报设计。

二、实施过程

导入：播放《友善歌》

1. 友善是指友好和善良,是希望人们之间保持着一种善良而温情的良好品格,保持一颗喜乐的心和一张微笑的脸。

2. 友善是公民基本道德规范,是从个人行为层面对社会主义核心价值观基本理念的凝练。

● 设计意图：通过视频引导,营造氛围,引入主题,调动学生兴趣。

第一环节：点赞校园里友善的事例

1. 主持人引导：在我们身边也有很多友善的人和事,让我们在不经意间感受到温暖。请大家说说校园里同学之间友善的点点滴滴。有些无意中的善举给别人带来了温暖,可能自己都没有意识到呢。我们把那些友善的同学找出来,把那些暖心的小事说出来,分享友善带给我们的温暖。

2. 大家分享列举暖到自己的友善之举。

● 设计意图:通过同学们互道友善的和谐氛围,将友善主题慢慢凸显,进一步衬托下一个环节中冷暴力的残酷。

第二环节:列举校园里的不和谐音符

1. 播放《拒绝校园冷暴力》视频。分组讨论:刚才的视频对你有哪些触动? 你有什么感受? 我们可以做哪些改变?

2. 小组代表发言:谈谈本小组对于冷暴力的看法和措施。

● 设计意图:通过共同的讨论,明确冷暴力对同学的伤害,寻找适合自己和本班同学的方法,拒绝冷暴力。

第三环节:友善—"心"的呼唤

为什么我们需要友善的同学关系呢? 有请我们的班主任 / 心理老师来给我们答疑解惑。

● 设计意图:通过教师讲解引导,从交往和自我认可的角度,坦陈友善的必要性。

第四环节:日行一"善"小倡议

小组讨论:以小组为单位讨论,拟定出日行一"善"的建议。

● 设计意图:通过小组成员的集思广益,共同制定可行的日行一"善"倡议书,以便监督学生落实。

三、拓展延伸

1. 体验别人带给自己的友善当然是每个人都盼望的,如果你感觉到被冷落了怎么办? 可以先从为别人做点友善之事开始。

2. 大家可以从日行一"善"倡议中,每天选一个来完成,请班长在班级群里组织一周的日行一"善"打卡。

强国,有我!

一、总体设计

(一) 活动背景

2020年年初,一场疫情打乱了我们原本平静的生活。新冠肺炎疫情肆虐,中国人民上下一心、全力以赴,打响了全国抗击新冠肺炎疫情阻击战。在这场没有硝烟的战役中,坚守在岗位的每一个人都在与时间赛跑,用双手支撑起双手,用生命点燃生命,他们让世界再一次看到了中国力量。

在举国抗击新冠肺炎疫情的斗争中,以"90后""00后"为代表的青年力量不畏艰险、冲锋在前,把责任扛在肩上,把希望带给人民,谱写了感天动地的青春之歌。作为新时代学生,我们更要树立信心,相信这场"疫情防控的人民战争"一定会胜利!

(二) 班情分析

本节班会的授课对象是五年一贯制服装专业高二的学生。他们具备扎实的专业知识和技能,拥有良好的动手操作能力,有较好的价值观和道德观。面对突如其来的疫情,学生存在以下问题:因疫情在家休息,部分学生在学习上有所放松,没有办法及时投入学习生活中;出于对疫情的恐慌,部分学生对未来充满迷茫。

(三) 教育目标

知识目标:了解疫情期间应如何自我保护。

情感目标:通过了解疫情期间涌现出的各种感人事迹,体会全国上下、万众一心抵抗疫情的氛围,激发学生的爱国情怀。

行为目标:学习榜样的力量,在学习和生活中做有担当的青年力量,以实际行动报效祖国。

(四) 教育方法

榜样示范法、明理激情法、思辨探索法、案例分析法。

(五) 设计思路

环节名称	环节内容	活动时间
导入:播放视频	新闻片段,引出话题	2分钟
第一环节: 惊——病毒降临	掌握知识,冷静应对	5分钟
第二环节: 慌——疫情来了	疫情暴发,人去楼空	3分钟
第三环节: 敬——平凡英雄	榜样现身,正面引导	15分钟
第四环节: 赞——青春力量	勇扛重任,谱写赞歌	10分钟
第五环节: 感受分享	分享感受,升华主题	5分钟

(六) 活动准备

教师:搜集所需的相关图片、视频,邀请疫情中的志愿者。

学生:制作课件,查阅"疫情"相关资料。分小组搜集疫情中的青年人故事,并编排情景剧片段,绘制情景剧手绘图片,准备表演服装,准备发言内容。

二、实施过程

导入:播放视频

播放新闻视频片段,出示蝙蝠、华南市场等照片,让学生了解"新冠肺炎"。

● 设计意图:通过照片对学生产生视觉抨击,引发学生思考,为引出课题做好铺垫。

第一环节:惊——病毒降临

知识小课堂《"新冠"知多少》:学生走上讲台,向大家介绍自己课下搜集了解到的"新冠"知识。

● 设计意图:学生通过一起了解新型冠状病毒的概念、感染新型冠状病毒会出现的症状、感染后如何应对等知识,进而了解"新型冠状病毒"的危害,纠正学生知识上的误区,帮助学生更冷静地应对疫情。

第二环节:慌——疫情来了

播放由"新片场"47位媒体创作人共同录制完成的《疫情下的中国》视频片段一。

视频内容:一场疫情,砸入我们原本平静的生活。口罩将人和人之间的距离拉远,一纸告示,两地思念。这是有史以来最安静的春节,车站空了,街道空了,商厦空了。只有救护车,24小时不间断通行。

● 设计意图:通过视频使学生了解疫情暴发对整个中国造成的影响,让学生回顾那段时光,引发思考。

第三环节:敬——平凡英雄

1. 播放由"新片场"47位媒体创作人共同录制完成的《疫情下的中国》视频片段二。

视频内容:人间再冷,总有人替我们负重前行。夜以继日的一线战士,坚守在岗位的每一个人,为了让阳光再次亮起,为了让人与人之间不再因口罩被拉远,他们正在和时间赛跑,用双手支撑起双手,用生命点燃生命。

2. 音乐情景表演(共10人)。学生用音乐情景剧的表演方式,演绎疫情中勇于奉献的人们。

表演内容:

"我是一名有着13年临床护理工作经验和14年党龄的党员,我报名加入防疫任务,不计报酬,不惧生死。"(道具:医护人员服装)

"我是一名'90后'护士,我年轻,没结婚。我报名!"(道具:医护人员服装)

"作为一名军人,就该上战场,我报名。"(道具:迷彩服或军装)

"我是新时代的青年,我们有义务承担中国的未来,我报名!"

来自四面八方的志愿者说:"我报名!""我报名!""我报名!""我报名!"……"我们,报名!"

3. 榜样现身说法:邀请嘉宾青岛海慈医院医生圣洁。

圣洁是青岛海慈医院的一名医护人员,也是一名 6 岁男孩的母亲。在武汉需要支援的时候,圣洁作为海慈医院的第一批志愿者之一,义无反顾地舍小家为大家,前往武汉进行支援。榜样现身为学生分享"战疫"第一线的故事。

● 设计意图:通过情景剧表演,让学生融入剧情中,通过聆听平凡英雄的故事,感受困难当下,勇于承担的平凡英雄们,为了祖国、为了人民舍小家为大家的奉献精神,激发学生的爱国情怀。

第四环节:赞——青春力量

播放由"新片场"47 位媒体创作人共同录制完成的《疫情下的中国》视频片段三。

视频内容:在举国抗击新冠肺炎疫情斗争中,以"90 后""00 后"为代表的青年力量,不畏艰险,冲锋在前,把责任扛在肩上,把希望带给人民,谱写了感天动地的青春之歌。

学生表演微情景剧《强国,有我!》

情景剧内容:疫情中青年人勇于奉献的真实案例。

(1)中山大学附属第三医院驰援武汉医疗队中最小的队员,出生于 1997 年的姑娘朱海秀,看着偷偷抹眼泪的父亲,说:"我不想哭,哭花了护目镜就不能做事了,对不起。"

(2)从大年初一起,便和父亲一起奋战在建设火神山医院的战场上的中国地质大学大四学生徐子扬,听到别人称赞他为英雄时,说:"我们不需要太多的理由,因为热爱,仅此而已。"

(3)为了照顾身患重病却抗拒治疗的外婆,"90 后"新冠肺炎患者阿念义无反顾地从方舱医院搬去了火神山,她说:"妈妈,我会把你的妈妈平安带回家。"

● 设计意图:通过患者、医者、社会志愿者、各地爱心人士的事迹再现,用真人、真事唤起学生的真情,激发学生的社会使命感,引发学生对生命、责任、舍得、爱的思考。

第五环节:感受分享

1. 播放由"新片场"47 位媒体创作人共同录制完成的《疫情下的中国》

视频片段四。

视频内容：我们满怀期待，总有一天会摘下口罩，走出家门，和爱的人团聚在一起。一座座城市再次醒来，街头巷尾也会再次挤满行人，笑容重新回到每个人的脸上。因为我们依然在一起，因为我们是中国人。我们认真记住此刻，我们期待更值得的未来！

2. 我们有话说。

在这场没有硝烟的战争中，作为青年人要牢记生命至上、举国同心、舍生忘死、尊重科学、命运与共的伟大抗疫精神，努力学好专业知识，练就专业技能，弘扬中华民族的光荣传统，继承英雄精神，追逐梦想。

3. 升华拓展。

习近平总书记说，世上没有从天而降的英雄，只有挺身而出的凡人。青年一代不怕苦、不畏难、不惧牺牲，用肩膀扛起如山的责任，展现出青春激昂的风采，展现出中华民族的希望！让我们一起为他们点赞！

全体学生起立高喊："强国，有我！"

● 设计意图：通过学习习近平总书记的嘱托，使学生进一步明确自己应从身边哪些事做起。

三、拓展延伸

1. 手绘身边的平凡英雄。学生利用自己的绘画专业技能，手绘疫情中挺身而出的平凡英雄，讲讲英雄的故事，将作品贴至班级文化墙，用榜样的力量激励自己不断前行。

2. 继续寻找身边默默奉献的英雄，为再次交流学习做好准备。

守护少年尊严，远离校园欺凌

一、总体设计

(一) 活动背景

电影《少年的你》聚焦校园欺凌话题，把校园欺凌给孩子造成的伤害直观地呈现在银幕上，引发社会广泛关注。教育部颁布的《未成年人学校保护规定》针对学生欺凌、校园性侵害等社会关注度高的问题构建了专项保护制度，完善了相应的防治工作机制，构建防治学生欺凌的规则体系，明确从预防、教育、干预制止到认定调查、处置等方面的防控具体要求，特别细化了构成学生欺凌的情形和认定规则。

(二) 班情分析

本节班会的授课对象是中职国际商务专业高二的学生。高二的学生思想和行为趋于成熟，但是青春期的孩子都是一只"刺猬"，觉得自己什么事情都可以解决，不愿意与家长沟通，喜欢自己默默处理各种事情。另外，多数学生对校园欺凌的认识较为片面，大多仅限于恶意的肢体伤害，并且不懂得如何正确应对校园欺凌。

(三) 教育目标

知识目标：认识校园欺凌的实质和危害，掌握正确应对校园欺凌的方法和策略。

情感目标：学会关心和善待他人，能够尝试用温和和理智的态度处理矛盾，与他人友好相处，避免不应有的伤害发生。

行为目标：掌握应对校园欺凌的正确方法，从而提高预防校园欺凌的能力，学会保护自己。

（四）教育方法

视频引导法、图片案例教学法、小组讨论法、情感共鸣法。

（五）设计思路

环节名称	环节内容	活动时间
导入： 播放电影《少年的你》片段	"两个少年，一个世界"，引发思考，引出校园欺凌的形式	5分钟
第一环节： 辨别校园里的"伤和痛"	1. 小组分享听到或遇到的校园欺凌典型案例 2. 导出校园欺凌的含义和特点	5分钟
第二环节： 校园欺凌"无赢家"	案例回放，校园欺凌的危害和代价	6分钟
第三环节： 勇敢对欺凌说"不"	如何应对校园欺凌	10分钟
第四环节： 守护尊严，我来支招	1. 预防校园欺凌的方法 2. 观看预防校园欺凌公益MV：《青春需要温暖》	11分钟
总结升华	拒绝校园欺凌，做文明学生	3分钟

（六）活动准备

1. 教师准备：

（1）召开团支部和班委会议，确定主题内容。

（2）人员安排，分配任务，责任到人（主持、文稿、视频、课件制作等）。

2. 学生准备：素材搜集、黑板报设计、反欺凌口号搜集整理。

（1）观看电影《少年的你》，思考校园欺凌的形式。

（2）搜集校园欺凌案例，小组合作分析校园欺凌的代价和危害及应对措施。

二、实施过程

导入：播放电影《少年的你》片段

● 设计意图：通过视频引导，引发学生思考和共鸣，认识校园欺凌的四种形式。

第一环节：辨别校园里的"伤和痛"

教师引导：校园本应是同学们学习知识、快乐成长的地方，但是频频出现的校园欺凌却打破了校园应有的宁静。校园欺凌对施暴者和受害者都是一场噩梦，会给彼此的生活留下永久的伤痕。

● 设计意图：通过图片和视频展现学校生活中的欺凌情景，进一步带领学生认识校园欺凌的含义和特点。

第二环节：校园欺凌"无赢家"

● 设计意图：通过图片和少年法庭的视频案例，让学生就常见的校园暴力进行深入的分析总结，引导学生从施暴者、受害者两个角度认识校园欺凌的危害和代价。

第三环节：勇敢对欺凌说"不"

1. 遇到校园欺凌如何自救。

2. 遭受校园欺凌如何维权。

● 设计意图：通过遇到欺凌"怕字不当头""自救有策略""交友须谨慎""维权有法依"等几个小环节，教给学生在无法避免校园欺凌时，如何保持冷静、克服心里恐惧，积极寻求途径解决问题和保护自己。

第四环节：守护尊严，我来支招

1. 预防校园欺凌的方法。

2. 预防校园欺凌公益 MV：《青春需要温暖》。

● 设计意图：通过学生大声朗读预防校园欺凌的五个意识和观看《青春需要温暖》，引起共鸣，引导学生远离校园欺凌。

总结升华

同学们，近几年我们国家发生了许多校园欺凌的事件，也许校园欺凌就发生在我们每一个人的身边。学校是世界各国预防校园欺凌最有效、最前沿的阵地，但校园欺凌不止于校园。2016 年教育部等九部门联合下发了关于治理校园欺凌的 11 个举措，后经多次修改不断完善，让校园欺凌案件有法可依。相信当家庭、社会、法律以及每一个人都贡献力量，我们就能守护少年尊严，远离校园欺凌！请同学们在今后的学习生活中，互相帮助、互相谅解、互相包容，拒绝校园欺凌,做健康阳光、积极向上的青少年!

三、拓展延伸

1. 小组合作,完成以"预防校园欺凌,做守法少年"为主题的手抄报。

2. 思考并私信老师:父母在家庭教育过程中,有无语言暴力倾向?你是如何沟通的呢?

有"礼"走遍天下

一、总体设计

(一) 活动背景

礼仪,是中华传统美德宝库中的一颗璀璨明珠,是中国古代文化的精髓。身居礼仪之邦,应为礼仪之民。知书达礼,待人以礼,应当是当代职校生的一个基本素养。

《中等职业学校德育大纲(2014 年修订)》中提出要以中国特色社会主义理论体系为统领,科学设置教育教学内容。

(二) 班情分析

本节班会的授课对象是中职护理专业二年级学生。他们正在学习护理礼仪的相关知识,部分同学已经通过社会实践等体会到良好的礼仪可以为患者创造一个友善、亲切、健康向上的人文环境,能使患者在心理上得以平衡和稳定,同时对患者的身心健康将起到非医药所能及的效果。但也有部分同学对日常行为礼仪不重视,满不在乎。

(三) 教育目标

知识目标:了解中华文明礼仪要求,掌握校园礼仪的基本知识和规范。

情感目标:认同中华礼仪文化,自觉将校园礼仪要求牢记心间,并付诸行动。

行为目标:有意识地提高自身礼仪修养,认识到自身存在的不足,严格要求自己,从点滴做起,避免发生不文明行为。

(四) 教育方法

任务驱动法、体验式教学法、情景体验法、探究学习法。

(五) 设计思路

环节名称	环节内容	活动时间
导入: 播放视频,感化教育	播放视频,感化教育	5分钟
第一环节: 寻找礼仪	游戏竞猜,礼仪故事	6分钟
第二环节: 学习礼仪	资料分享,感悟内涵	10分钟
第三环节: 践行礼仪	场景表演,践行礼仪	13分钟
第四环节: 礼仪操展示	共同表演,展示风采	8分钟
总结升华	签名宣誓,知书达礼	3分钟

(六) 活动准备

1. 教师准备:

(1) 视频:中央电视台中文国际频道《文明之旅》节目的《礼仪之邦说礼》片段。

(2) PPT:礼仪故事简介。

2. 学生准备:

(1) 天使队、梦想队搜集礼仪故事。

(2) 超越队、青春队排练校园场景礼仪表演。

(3) 参与"中华文明礼仪万里行"系列活动,全体同学学习礼仪操。

二、实施过程

导入:播放视频,感化教育

观看中央电视台中文国际频道《文明之旅》节目的《礼仪之邦说礼》

片段。

随机采访:同学们,在现代社会提倡传统文明礼仪,这是否有利于发扬中国传统文化的精髓?是否有利于人与人之间的和睦相处?是否有利于增强中华民族的民族向心力?是否有利于提升国民素质与国家软实力?

● 设计意图:通过视频中对见面礼等的解读,让学生初步领悟中国传统文化礼仪的深度内涵。

第一环节:寻找礼仪

教师引导:

大家都知道,我们中华民族自古就有很多关于文明谦让、孝敬父母、尊敬师长的故事。请同学们看大屏幕,根据屏幕上的几个词语,猜礼仪故事。

(1)请根据"水果、小孩、谦让"三个词语猜一个礼仪小故事。点击关键词:"孔融让梨"——尊老爱幼。

(2)请根据"寒冷、冰、鲤鱼"三个词语猜一个礼仪小故事。点击关键词:"卧冰求鲤"——孝顺父母。

(3)请根据"尊师、雪、等待"三个词语猜一个礼仪小故事。点击关键词:"程门立雪"——尊敬师长。

2. 讨论分享:

(1)列举生活中的礼让现象。说说同学们在家庭、学校、社会中的礼让行为。

(2)列举生活中的孝顺行为。说说同学们在家中的孝顺行为。

(3)列举生活中的尊师现象。说说同学们在校园中的尊师行为。

● 设计意图:通过词语猜礼仪故事,激发学生的兴趣,引导学生发现生活中的文明礼仪。

第二环节:学习礼仪

1. 小组分享:各小组从仪容、服饰、仪态等方面分享礼仪要求。

(1)仪容礼仪。要保持美好的容貌,首先要注意仪容卫生,养成良好的卫生习惯。仪容卫生主要包括以下5个方面:面容清洁、口腔清洁、鼻腔清洁、头发法洁、手部清洁。其次是仪容化妆。化妆是运用化妆品,采取合乎规则的步骤和技巧,对面部进行恰到好处的描画,以强调和突出人所具有的自然美。化妆的原则包括适度原则、自然协调、扬长避短。自然协调包括与发型、服装、饰物相协调,与职业、身份、场合相协调。

(2)服饰礼仪。着装的原则包括 TPO 原则、整洁原则、整体原则、三色原则、三一定律。

TPO 原则:T(time)时间,P(place)地点,O(object)目的。要求人们在选择服装、考虑其具体款式时,要兼顾时间、地点、目的,并应力求使之协调一致、和谐搭配。

三色原则:正式场合着装时应将服装的颜色控制在三种以内。

三一定律:指的是穿职业装时,鞋子、腰带、公文包(女式皮包)三个部位颜色要协调统一。

(3)仪态礼仪。

站姿:对站姿的要求是挺拔。男士双脚分开与肩同宽,女士双脚并拢,挺胸收腹,两眼平视。女士也可站丁字步。

坐姿:注意身体直立。身体也要注意端端正正,不应当把上身完全倚靠着座椅的背部,最好一点都不倚靠。在尊长面前,最好不要坐满椅面。坐好后占椅面的 3/4 左右,最合乎礼节。交谈的时候,为表示重视,不仅应面向对方,而且同时应将整个上身朝向对方。离开座椅时,身边如果有人在座,应该用语言或动作向对方先示意,随后再站起身来。起身离座时,最好动作轻缓,不要"拖泥带水",弄响座椅。起身后,应该从左侧离座。

行姿:正确的走姿是轻而稳、胸要挺、头要抬、肩放平,两眼平视,面带微笑,自然摆臂(幅度以 30°～50° 为宜)。

2. 礼仪知识知多少:利用线上测试对学生的礼仪知识进行检测。

● 设计意图:通过礼仪知识的学习,激励学生由认识文明礼仪的重要性到主动掌握文明礼仪知识。

第三环节:践行礼仪

分组展示:场景表演。

(1)入校礼仪。旁白:进校服饰须整洁,穿好校服佩胸卡,仪容端庄发型齐,遇见师长要问候,遇见同学点头笑。

（2）上课礼仪。旁白:上课起立,行注目礼;认真听讲,做好笔记;举手提问,站立回答;不迟到、早退,不随意进出教室;下课起立,行注目礼。

（3）课间礼仪。旁白:课间请勿高声喧哗,更不能在教室拍球,上下楼梯请右行,遇见来宾要鞠躬。

（4）就餐礼仪。旁白:自觉排队,讲文明;不乱扔废弃物,讲卫生;不铺张浪费,讲节约。

（5）升旗礼仪。旁白:升旗仪式集合要做到快、静、齐,升旗时要向国旗行注目礼,退场切勿乱拥挤,文明有序带回教室。

● 设计意图:通过校园内场景化表演,提醒学生礼仪就在身边,牢记时刻践行礼仪。

第四环节:礼仪操展示

同学们按照校园礼仪操要求,共同表演。

站姿:头正、肩平、臂垂、躯挺、腿并、重心。

坐姿:入座轻稳、上体挺直、头正目平视、坐满椅子2/3。

走姿:头正、肩平、躯挺、步伐直、步幅适度。

● 设计意图:通过参与礼仪操表演,为学生们学习校园礼仪提供更多参照,同时为校园文明礼仪宣传做好准备。

总结升华

全班同学宣誓:自尊自爱,注重仪表;真诚友善,礼貌待人;遵规守纪,勤奋学习;勤俭节约,孝敬父母;遵守公德,严于律己;互相监督,形成风气。

● 设计意图:通过齐声宣誓,振奋学生精神,明确学生的共同目标和追求,激发每一名同学的责任感、荣誉感和归属感,从而形成强烈的班级向心力、凝聚力。

教师总结:在现代社会,讲文明、讲礼貌是每一位公民必须具备的社会公德。文明行为,贵在养成和实践。同学们要从现在做起,从自身做起,从一点一滴做起,从每时每刻做起,不断提高自己的文明礼仪修养,做一名文明的职校生,做一名合格的新时代青年!

三、拓展延伸

结合学生护理专业,谈一谈在未来的实习及工作岗位上应该如何践行护士文明礼仪。

知党史,扬五四——做新时代的奋斗者

一、总体设计

(一)活动背景

2021 年是中国共产党建党 100 周年。在 100 年的持续奋斗中,党领导人民创造了伟大的历史,铸就了伟大的精神,形成了宝贵的经验。以纪念建党 100 周年为教育契机,让学生进一步了解中国共产党的发展历史,体验感悟社会主义的伟大建设成就,激发学生爱党、爱国的情感,培养爱国主义思想,增强学生的幸福感和责任感。

(二)班情分析

本节班会的授课对象是中职国际商务专业高二的学生。他们乐善好学,喜欢冒险和探索,但个别学生缺乏责任感和奋斗精神,学习和生活中暴露出吃苦耐劳精神不足、自私任性、以自我为中心的不良倾向,偶尔学习奋斗目标不明确。通过学习党史,激发学生爱国热情,培养学生爱国、爱党和爱校的强烈情感。

(三)教育目标

知识目标:了解中华民族历经的百年沧桑,体验五四精神的无私和伟大,帮助学生熟悉党史,感受中华民族的传统美德。

情感目标:讴歌颂扬中国共产党的丰功伟绩,让学生牢固树立"爱我中华、兴我中华"的坚定信念,进而激发爱国、爱党的热情和民族自豪感。

行为目标:端正自身态度,激发为理想而奋斗的意识,培养学生勇于战胜困难的意识,增强青年实现中华民族伟大复兴的使命感和时代责任感。

(四) 教育方法

视频引导法、知识竞赛法、讨论法、品德修养指导法、情感激励法。

(五) 设计思路

环节名称	环节内容	活动时间
导入: 播放视频《百年丰碑,铸就辉煌》	播放视频,感化教育	7分钟
第一环节: 诗朗诵《历史的选择》	身临其境,致敬百年	5分钟
第二环节: 小合唱《唱支山歌给党听》	共唱红歌,升华情感	6分钟
第三环节: 五四精神,我理解	知识竞赛,畅谈未来	14分钟
第四环节: 倾听习近平总书记深情寄语	观五四,学寄语	5分钟
总结升华	明确使命,砥砺前行	3分钟

(六) 活动准备

1. 教师准备:

(1) 召开团支部和班委会议,确定此次目标。

(2) 人员安排(主持、文稿、课件制作等);分配任务,责任具体到人。

2. 学生准备:氛围营造、黑板报设计、诗歌朗诵。

(1) 搜集党和五四运动的知识、图片、优秀共产党员事迹、红色影视剧和朗诵等资料,通过多种方式了解祖国的巨大成就。

(2) 收集党史资料,筛选竞赛题,并将资料制作成多媒体课件、诗朗诵等。

二、实施过程

导入:播放视频《百年丰碑,铸就辉煌》

● 设计意图:通过视频的震撼效果,营造氛围,引入主题,激发学生的爱国热情。

第一环节：诗朗诵《历史的选择》

教师引导：中华五千年的历史蕴含和积淀，经过百年的扬弃和继承，让中国成为一个自觉维护世界和平、关心人类命运发展、有责任感的大国。作为新时代的青年人，我们必须对中国共产党的历史有充分的了解。下面请大家观看一段视频，重温一下党的百年历史。

● 设计意图：通过诗朗诵展示取得直观的且富有感染力的效果，烘托气氛，使学生积累深沉的爱国情感，唤醒奋斗意识。

第二环节：小合唱《唱支山歌给党听》

● 设计意图：通过歌声的感染力，让学生感受党的伟大，并从歌曲中汲取精神力量，营造浓厚的爱党、爱国氛围。

第三环节：五四精神，我理解

开展五四精神知识竞赛。

● 设计意图：通过共同的讨论学习，明确了五四精神的内涵，正确认识五四精神对当代中学生的教育意义，明确当代青年应该如何弘扬五四精神。

第四环节：倾听习近平总书记深情寄语

播放视频《五四青年节》，学习习近平总书记对青年人的深情寄语。

● 设计意图：通过回顾风雨洗礼的革命年代，了解中国共产党带领中华儿女奋力抗争的光辉岁月，凝聚实现中华民族伟大复兴梦的青春力量，感悟历史使命。

总结升华

现在绝大多数的学生都知道学习的重要性，但是有些学生对越来越差的成绩束手无策，最后在重重困难面前不得不放弃。在五四青年节来临之际，希望所有的学生进一步增强历史使命感、主人翁责任感和时代紧迫感，把自己的理想和前途同国家发展、民族振兴结合起来，明确使命，砥砺前行。

三、拓展延伸

以"知党史，扬五四"为主题进行志愿者活动，并在下次班会分享活动经验和感受。

志愿服务，奉献爱心

一、总体设计

(一) 活动背景

《中等职业学校德育大纲(2014年修订)》中将"志愿服务"作为学校充分发挥主导作用,与家庭、社会密切配合的一种德育途径,强调学校要把志愿服务纳入教育计划,弘扬"奉献、友爱、互助、进步"的志愿精神,推动志愿服务深入开展,把志愿服务活动做到社区、做到家庭。

当今社会存在功利主义、享乐主义的思想,对广大职校生产生了较多负面影响,学校成立了护航天使志愿服务队,通过开展志愿服务进行教育,坚持每月开展各项志愿服务活动。

(二) 班情分析

本节班会的授课对象是中职护理专业高一的学生。很多同学都参与了护航天使志愿服务活动,但也有少数同学对志愿服务不感兴趣。主要原因有"参加活动有点累""没有报酬""别人的事情和我无关"。

(三) 教育目标

知识目标:了解志愿服务的精神内涵,理解志愿服务的意义。

情感目标:体验志愿服务带来的精神愉悦,感悟奉献、友爱的情感,提升道德素养。

行为目标:自觉从身边做起、从小事做起,利用专业知识、专业技能开展志愿服务。

(四) 教育方法

榜样示范法、同伴互助法、思辨探讨法、案例分析法。

（五）设计思路

环节名称	环节内容	活动时间
导入： 歌曲导入，引思明理	爱的奉献，营造氛围	4分钟
第一环节： 志愿服务，内涵丰富	观看视频，阐述内涵	7分钟
第二环节： 志愿服务，有你真好	畅谈感想，内心成长	12分钟
第三环节： 志愿服务，爱你有方	出谋划策，智慧服务	6分钟
第四环节： 志愿服务，你我同行	组建团队，制订计划	12分钟
总结： 志愿之歌，激人奋进	齐唱歌曲，鼓舞精神	4分钟

（六）活动准备

1. 教师准备：

视频1：歌曲《爱的奉献》。

视频2：央视《焦点访谈》聚焦华中农业大学"本禹志愿服务队"。

资料：志愿者活动社会新闻。

图片：青年志愿者标志。

音频：《中国青年志愿者之歌》。

2. 学生准备：

布置教室，营造氛围；课前查阅志愿服务精神内涵等；护航天使志愿服务队队员准备发言材料。

二、实施过程

导入：歌曲导入，引思明理

1. 播放《爱的奉献》歌曲视频。

2. 思考青年志愿者标志含义。

● 设计意图:通过倾听熟悉的歌曲和学习醒目的标志,激发学生参与兴趣,引起共鸣。

第一环节:志愿服务,内涵丰富

1. 观看视频:播放央视《焦点访谈》节目聚焦华中农业大学"本禹志愿服务队"。

深入思考:这是什么行为?彰显一种什么精神?

2. 展示内涵:学生利用课前搜集的资料,交流发言。

(1)志愿者精神是奉献、友爱、互助、进步。

(2)志愿者的特征是自愿、不图报酬、服务公益、力所能及地奉献自己。

(3)志愿者标志的寓意是向社会上所有需要帮助的人伸出友爱之手,奉献社会,温暖人心。

● 设计意图:通过了解榜样事例,引领精神向往,引入班会主题。小组交流发言,明确志愿服务的精神内涵。

第二环节:志愿服务,有你真好

1. 现场采访:采访参与护航天使志愿服务活动的同学,走进他们的精神世界。

2. 分组调查:你帮助过别人吗?你被帮助过吗?有没有一个瞬间被陌生人的善意深深打动?

3. 学生思考:志愿服务对我们的成长有益吗?

● 设计意图:通过对身边同学访谈和调查反思,理解志愿服务的意义,体会志愿服务给人带来的精神愉悦及综合素质的提升。

第三环节:志愿服务,爱你有方

1. 学生疑问:在搜集资料时发现,有的志愿者在志愿服务中遭遇"好心没好报"的窘境。如果遭遇这种委屈、不公,我们还要坚持志愿服务活动吗?

2. 出谋划策:师生探讨如何在志愿服务中避免损失、减少出错、保护自己。

● 设计意图:通过他人案例提醒学生,学会智慧行动,保护自己,坚定学生理想信念,提升专业知识技能,培养学生思辨能力。

第四环节：志愿服务，你我同行

1. 现场招募组建班级护航天使志愿服务小分队，在相关教师的带领下开展校内外志愿服务。

（1）美化校园环境小分队。

（2）电脑能手小分队。

（3）敬老小分队。

（4）导医小分队。

（5）义务查体小分队。

2. 设计各小分队志愿服务卡。

● 设计意图：通过组建志愿服务小分队、制定志愿服务计划和制作志愿服务卡，将志愿者服务精神外化于行，激励学生参与志愿活动。

总结：志愿之歌，激人奋进

全班同学演唱《中国青年志愿者之歌》。

伸出你的手，初次相识却已是朋友

放飞和平鸽，蓝天大地响彻我的问候

我们是青年志愿者，用奉献共创温馨家园

我们是青年志愿者，用爱心把旗帜铸就

青春似火，青春闪光，青春无悔，青春不朽，青年志愿者

挽起你的手，风雨同舟并肩向前走

放歌新时代，五湖四海建设新神州

我们是青年志愿者，用真情迎接美好明天

我们是青年志愿者，用热血来书写春秋

青春似火，青春闪光，青春无悔，青春不朽，青年志愿者

青年志愿者

（刘京山作词，臧云飞作曲）

● 设计意图：通过合唱，激发学生对志愿服务的热爱，并期待在实际行动中真正成为一名具有奉献精神的志愿者。

教师总结：志愿服务不求物质报酬，只愿奉献自己的时间、技能为社会、他

人提供服务与帮助,奉献爱心,实现价值。希望同学们在今后的日子里,积极加入志愿服务活动,奉献爱心,温暖世界!

三、拓展延伸

各小组组建护航天使志愿服务小分队,开展校内外志愿服务,根据活动内容和效果,评选"班级志愿服务之星"。

第二篇

用心设计学生欢迎的班级活动

　　班级活动是指在集体性活动中,以一个主题为线索,围绕主题进行活动与交流。班级活动的形式多种多样,包括游戏活动、一日生活活动、五大领域教育活动等类型,主要有主题班会、研学活动、技能竞赛、户外运动、参观体验、心理拓展活动等。班级活动是学生认识客观世界、认识他人与自我、适应学校生活与社会生活的重要途径。同时,班级活动也是建设良好班集体的重要组成部分和最重要的内容。一个精心设计的班级活动能够提高学生"做事"的能力,助力学生学习"做人"之道,为今后适应真正的社会生活打下基础。因此班主任应有计划地组织新颖有趣的班级活动,让学生进行自我认识与自我教育,拓宽教育的广度和深度。

　　如何设计既富有意义、学生又乐于参加的班级活动呢?一定要遵循以下几个原则。

一、科学设计——以学生为中心

　　设计班级活动时应充分尊重学生,教师要在把握学生认知水平和已有经验的前提下,引起学生的认知冲突,调动积极性,引导学生自我体验、自我生成、自主发展,因此班级活动既可以由班主任设计,也可以由学生设计。在学生进行班级活动设计时,班主任也要积极关注,引导活动的设计者广泛征求同学们的意见,经由班委成员充分讨论之后再制定实施方案、参与评价等,最后联系本班学生实际设计开展班级活动。

同时班主任应关注学生的差异性。在选择活动主题、设计班级活动时应充分考虑中职学生发展的内在需求、动机和兴趣，否则学生就会缺乏参与班级活动的内在动力，活动的结果也会不尽人意。

因此，在活动主题的选择上，可以以学生的困惑为载体，让学生在丰富多彩的活动中进行自我教育。研究表明，同伴群体在自我意识的形成与发展中起着非常大的作用。比如有的中职学生有迷恋手机游戏不能自拔的现象，班主任通过设计班级活动，利用同伴互助的教育方式，达到教育的目的。还可以以学生关心的热点问题为载体，比如前一段时间北京冬季奥林匹克运动会受到了学生们的广泛关注，班主任就可以以此设计班级活动，如户外活动提高学生身体素质，学习奥运榜样等，对学生的价值观进行正确引导。

二、厘清方向——明确活动目标

活动目标是班级活动的出发点和归宿，目标在班级活动中发挥着指向、评价和激励等多方面的作用，在活动设计中科学、合理地确定好活动目标，对保证班级活动的顺利开展有着十分重要的作用。在确定活动目标时，可按照"知识目标""能力目标""行为目标"三个维度进行设计，最大限度地发挥班级活动的教育作用。

三、关注学情——做好充分准备

班主任必须提前根据学生的健康状况、发展水平，选择合适的活动器材，合理规划场地，为活动顺利有效的开展做好准备。活动的时间、活动的场地、活动涉及的人员和物品等都应提前做好安排。

活动开展的时间比较灵活，既可以在学生在校期间开展，也可以利用学生课余时间开展。活动的场地也应提前做好准备，如在校内组织活动，在活动场地的布置上要有教育氛围，环境布置要体现教育情景、活动氛围，包括标题的书写、展板的摆放等都要做整体设计。如在校外进行，则应提前联系安排，在安全的环境下进行，并在出发前对学生进行安全教育，与家长做好沟通。必要时班主任还应提前进行实地考察。校外活动中所用横幅、旗帜、必备药品等也应提前准备齐全。同时班主任在活动开展前应提前做好分工安排,要把每个人负责的具体事情交代清楚。可以说做好准备工作是提升活动有效性不可或缺的重要条件。

四、注重实效——设计多彩活动

活动的内容选择要艺术,讲究"新"与"实",这样做容易激发学生的兴趣,增强活动的吸引力。班主任要采用学生喜闻乐见的活动方式、贴近生活的活动内容来提高班级活动的有效性和针对性。同时班主任还可以借助信息技术推动活动平台智能化、活动资源优质化、活动时空自由化、活动渠道多元化、活动形式丰富化、活动过程个性化。如以本地名胜古迹、人文特色作为设计班级活动的载体,开展党史学习、科学教育等活动,如去历史博物馆或科技馆参观体验,到革命遗址、红色教育基地参观等,增强对学生的爱国主义、科学精神的培养。或以传统佳节为载体设计开展主题活动,加深学生对传统节日的了解和认识,增强学生的文化素养和人文情怀。比如在母亲节来临之际,设计感恩母亲的活动,通过活动让学生学会尊重父母、感谢父母,使正处于叛逆期的中学生学会正确地与父母交往,并由此触动学生学会感激社会,学会正确地与他人的交往。班主任还可以大胆创新活动形式,如开展周末新闻发布会,让学生利用周末时间,对从报纸、广播、电视中看到、听到的社会新闻、国际新闻进行综合述评,锻炼学生的综合分析及表达能力;开展"跳蚤市场交易会",引导学生进行图书、生活百货等的交易活动,让学生亲自品尝参加经济实践活动的滋味。

畅享餐桌文化之旅

一、总体设计

（一）活动背景

习近平总书记在全国教育大会上强调,要全面加强和改进学校美育,坚持以美育人、以文化人,提高学生审美和人文素养。《中国学生发展核心素养》中也提出学生应掌握和运用人类优秀智慧成果,涵养内在精神,追求真善美的统一,发展成为有宽厚文化基础、有更高精神追求的人。为提高中职高星级饭店运营与管理专业高二学生的审美情趣,奠定后续"餐饮服务管理""中餐宴会设计"等专业课程的基础,本次畅享餐桌文化之旅主题研学活动从传承优秀的中华传统文化出发,培养学生欣赏美、发现美、创造美的能力,全面提升学生的人文素养。

（二）班情分析

本班为高星级饭店运营与管理专业高二的学生,其中男生 11 人,女生 18 人。学生曾经学习过"导游基础""中职美术"等课程,对传统文化和陶器审美有一定的认知。步入高二年级以来,班级的凝聚力不断增强,学生能够通过小组合作的方式自主开展活动,为本次研学活动的开展奠定了基础。

（三）教育目标

知识目标:了解中国传统文化中的餐饮特色,掌握中国古代餐食器具的主要功能和演化过程。

情感目标:感受中华传统文化的博大精深和缤纷多彩,从而进一步产生民族自信心。

行为目标:学会并传承中华民族优秀传统文化,在专业学习中主动融入传统文化的美学因子。

(四)设计思路

环节名称	环节内容	活动时间
环节一:游有方	跟随博物馆讲解员完成参观游览,了解中国古代餐器发展的历史脉络	15 分钟
环节二:劳有技	体验博物馆虚拟仿真的科技产品,设计喜欢的餐具纹饰	12 分钟
环节三:学有道	结合前期调研和研学内容,四个小组分别汇报陶器、瓷器、木器、金属器四个类型古代餐具的交流研学心得	13 分钟
环节四:学有用	分小组布置研学作业,将参观收获的餐具造型、花色、纹饰应用于中餐宴会摆台的餐具设计中	5 分钟

(五)活动准备

学生分组,明确任务:将全班同学分为四个活动小组,推选组长,拟定组名,每小组分工布置研学前调研任务。

预约行程,联络场馆:联络旅游公司确定出行车辆、司机等,向博物馆预约参观时间、沟通活动具体内容。

应急预案,安全保障:制定活动应急预案,准备好医疗包等安全保障物品。

二、实施过程

环节一:游有方

跟随博物馆讲解员完成参观游览,了解中国古代餐器发展的历史脉络;

● 设计意图:结合小组前期搜集的资料,引导学生有针对性地进行参观学习,充分了解中国古代餐器文化的发展,导游的讲解帮助学生拓宽视野,让学生对中国传统文化中的图形纹饰的象征意义有了新的认识,为接下来的设计奠定认知基础。

环节二:劳有技

体验博物馆虚拟仿真的科技产品,设计喜欢的餐具纹饰。

● 设计意图:通过学生喜闻乐见的虚拟仿真设备,充分激发学生的学习兴趣,采用亲身体验的方式,鼓励学生动手设计纹样,提高学生的审美鉴赏力和艺术创造力。

环节三：学有道

结合前期调研和研学内容，四个小组分别汇报陶器、瓷器、木器、金属器四个类型古代餐具的交流研学心得。

● 设计意图：学生通过内化吸收研学活动所涉及的内容，以小组合作的形式汇报收获、交流心得，在增进团队成员沟通协作能力的同时，帮助各小组拓宽视野。

环节四：学有用

分小组布置研学作业，将参观收获的餐具造型、花色、纹饰应用于中餐宴会摆台的餐具设计中。

● 设计意图：引导学生将研学收获的知识与课内专业课学习有机结合，通过任务驱动的形式，激发学生的创造力，将传统文化融入现代餐饮设计中，为传承中华民族优秀传统文化发声。

三、课后拓展

回校后利用自主学习课时间，对"学有用"环节的任务进行小组评比，评选出"最佳参与奖"，并将获奖作品推荐至学校的校外实训基地——地区知名的五星级酒店餐饮部，作为储备主题餐具，并发放企业冠名奖学金 500 元。

王警官的叮咛

一、总体设计

（一）活动背景

全面依法治国是坚持和发展中国特色社会主义的本质要求和重要保障，事关我们党执政兴国，事关人民幸福安康。青年是中华民族的未来，是法治中国的未来，习近平总书记时值五四青年节在中国政法大学考察时强调，中国的未来属于青年,中华民族的未来也属于青年。青年大学生要在全面推进依法治国中更好地肩负起实践者、推动者的重大使命。《青少年法治教育大纲》明确把法治教育纳入国民教育体系,培育青少年法治观念,普及法治知识,养成其守法意识,提高其运用法律方法维护自身权益、通过法律途径参与国家和社会生活的意识和能力。高一升高二的暑假,学生即将面临第一次酒店跟岗实习,为帮助学生树立法治观念,强化自我保护意识,特邀请学校所在的辖区民警进校开展岗前法治教育活动。

(二) 班情分析

本班为高星级酒店运营与管理专业高一的学生,有男生 11 人,女生 19 人。学生即将开始第一次酒店跟岗实习。学生虽然已经进行了"餐饮服务与管理""客房服务与管理"等专业课程的学习,但是在社会活动中如何有效保护自己、合理开展社会交往、提升在酒店工作中的法律意识等方面还欠缺实战经验。

(三) 教育目标

知识目标:了解相关法律常识。

情感目标:增强学生的法治观念、遵纪守法的意识。

行为目标:掌握酒店实习过程中出现隐患问题的处理方法,能够运用科学方法维护自身的合法权益。

(四) 设计思路

环节名称	环节内容	活动时间
环节一:视频导	教师导入,介绍警官	5 分钟
环节二:情景学	情景模拟,警官点评	30 分钟
环节三:口诀记	心得体会,归纳口诀	10 分钟

(五) 活动准备

酒店调研,查摆短板:走访酒店,调研学生在实习过程中可能遇到的法治隐患问题,设计具有针对性的活动方案。

学生分组,明确任务:将全班同学分为四个活动小组,推选组长,拟定组名,布置情景模拟的任务。

联络警官,沟通交流:就酒店调研结果和活动设计方案,与辖区派出所联络民警进行沟通,商定活动时间和主要内容。

二、实施过程

环节一:视频导

通过辖区派出所的宣传片,介绍教育活动嘉宾——王警官。

● 设计意图:引领学生了解辖区民警的日常琐碎繁杂的工作及他们为辖区群众做出的贡献,从而产生信赖感,为后续活动做好情感铺垫。

环节二:情景学

1. 第一组同学:我是大侦探——客人投诉失窃

● 设计意图:帮助学生掌握如何处理客人物品丢失的情况。① 倾听客人反映情况,详细了解客人丢失物品的细节,不给出任何结论;② 协助客人寻找,但在房间时请客人自己查找,以免发生不良后果;③ 确实找不到的话,要立即向上级汇报,如果是重大的失窃(价值较大),应马上保护现场,立即报告保安部门。

2. 第二组同学:这个客人不对头——发现客人有违禁物品

● 设计意图:教会学生处理客人违禁物品的方法。① 详细记录并及时上报,必要时请保安部出面处理;② 不得私自翻动客人的违禁物品;③ 严禁私自处理客人遗留的违禁物品,更不要延时上交、上报;④ 记录处理情况。

3. 第三组同学:给?不给?我好为难——客人问我电话

● 设计意图:教会学生在实习工作中用正确有效的方法保护自己的隐私和安全。① 询问客人是否有事需要帮助;② 礼貌地向客人解释,酒店有规定不能随意透露自己和其他员工的电话;③ 如果客人不罢休,可向部门主管或实习师父求助。

4. 第四组同学:该不该见义勇为——客人之间发生冲突

● 设计意图:教会学生如何妥善处理客人之间的冲突。① 马上通知楼层主管或客房部办公室及保安;② 不要自作聪明地擅自为客人解决问题;③ 不要看热闹;④ 把发生的情况写在交班记录表上。

环节三：口诀记

邀请同学们分享本节课的收获与心得，王警官送上贴心叮咛——酒店实习安全口诀。

酒店员工要牢记，遵规守纪很重要。

客人失窃不定论，客房之内不帮找。

价值重大护现场，立即报告保安部。

违禁物品记仔细，绝不私自乱翻动。

遇到困难不害怕，保安部门是靠山。

电话号码不泄露，实习师父可求助。

客人冲突不逞能，及时报告保安部。

实习安全放第一，法治观念要牢记！

三、课后拓展

活动后，邀请家长和酒店人力资源部门经理进学校，共同参与学生实习动员活动，随后签订《酒店实习三方协议书（酒店、学生、学校）》，学校实践教学科进行实习概况介绍，帮助学生进一步增强法治意识，提升运用法治思维开展实习工作的能力。

非你莫属

一、总体设计

（一）活动背景

当前，毕业生就业形势日趋严峻，用人单位门槛不断提高，就业竞争压力日益增大。中职学校学生同样会面临实习就业等问题，他们初入社会，如何在求职人海中脱颖而出？怎样找到一份称心如意的工作？职业生涯如何快速起步？这些成为每一位求职者迫切关心的现实问题。为此我班策划此次就业指导主题活动,为学生提供一个职场面试练兵的舞台。通过活动,学生了解面试求职流程,发现自身不足,提出切实可行的改进措施,提升就业意识和求职竞争力。

(二) 班情分析

本班学生即将面临实习就业,他们渴望得到更多的招聘就业方面的知识,但在校内接触不多。不少学生缺少求职自信,需要通过恰当的主题活动激发他们的兴趣和潜能,帮助他们清楚地认识择业、就业、创业,树立正确的职业观。

(三) 教育目标

知识目标:掌握简历制作的要点、求职面试方法及技巧。

情感目标:增强就业意识,提升求职技巧,展示个人修养与魅力。

行为目标:在模拟面试中提升求职技巧。

(四) 设计思路

环节名称	环节内容	活动时间
环节一:情景导入	视频导入,讨论不足	5 分钟
环节二:就业指导	指导简历,了解技巧	10 分钟
环节三:展示简历	小组展示,取长补短	12 分钟
环节四:模拟应聘	实操演练,运筹帷幄	13 分钟

(五) 活动准备

教师准备:所需视频、音乐、PPT 等素材。

学生准备:制作简历、黑板报设计。

二、实施过程

环节一:情景导入

1. 播放招聘视频。

2. 学生讨论交流视频中的应聘过程有哪些可取之处、不足之处。

● 设计意图:通过观看招聘视频,激发学生学习热情,引导学生参与到讨论之中,预判自己在应聘时可能会出现的问题。

环节二:就业指导

1. 以小组为单位修改简历,总结简历制作小贴士。

(1)清晰原则

简历排版要便于阅读,让人一目了然,要考虑字体大小、间距等,重点内容要突出。

(2)针对原则

要针对不同行业中职位的不同要求,提交不同的简历。不同岗位提交同一份简历是不合适的。

(3)客观原则

应该提供客观的可以证明资历、能力的事实、数据。在简历中还要尽量避免使用第一人称"我"。

(4)十秒钟原则

简历不宜太长,如果有两页以上的简历,应把重点放到开头部分,让面试官在较短时间内掌握基本情况,并产生想仔细阅读的愿望。

(5)真实性原则

简历应记录真实的工作经验。

2. 面试小技巧。

(1)懂得基本的礼貌

见到面试官,应礼貌打招呼"你好",同时与对方进行目光交流,消除紧张情绪;面试的时候,面试官让你坐你再坐;面试结束时,向面试官说声"谢谢",并且把椅子推到桌子下,出门时一定要记得关门。

(2)调整语速,吐字清晰

开始回答问题的时候,就要语速适中,不能过快,否则后面的交谈你不仅控制不住自己的语速还给对方一种潦潦草草的感觉。

(3)要自信,相信自己的实力

对面试结果要有一个正确的评价,把握好得失心。正常地发挥,正常地表现,即便失败也没关系,可以重拾信心进行下次面试。正确地看待自己,实事求是地评价自己。

（4）逻辑清晰、言简意赅

在回答面试官问的每一个问题时，一定要言简意赅，分清主次。例如使用第一、第二、第三……这样的清晰表达，面试官会认为你是一个思路清晰的人。还可以使用"我认为最重要的是……因为……"来表达你的观点，面试官会认为你是一个有主观想法的人。

● 设计意图：本环节同学们了解了制作简历的几个小贴士，学习了面试的小技巧。好的准备工作会让应聘事半功倍。

环节三：展示简历

1. 让学生以小组为单位，依据上一环节中介绍的简历制作小技巧，进行简历修改。

2. 以小组为单位，上台展示各组的优秀简历，其他小组提出意见，并再次修改。

3. 投票评选"最佳简历"。

● 设计意图：本环节通过小组互评进一步美化学生的简历设计，提升职场竞争力。

环节四：模拟应聘

1. 情景模拟。

第一关：自我介绍（应聘者自我介绍1分钟）。

第二关：对所应聘职位进行竞职演说（应聘者就职演说1分钟）。

第三关：评委现场提问（每位竞聘者限时2分钟或者限3个以内的问题）。

2. 学生找出面试中的不足和应注意的事项。

3. 教师小结。

● 设计意图：通过真实场景模拟，提高学生分析和解决实际工作问题的能力。

三、课后拓展

1. 推荐同学们关注求职网站。

2. 完善简历。

我与酒店的"亲密接触"

一、总体设计

（一）活动背景

2020年3月20日，中共中央、国务院发布了《关于全面加强新时代大中小学劳动教育的意见》，提出劳动教育的总体目标是通过劳动教育，使学生能够理解和形成马克思主义劳动观，牢固树立劳动最光荣、劳动最崇高、劳动最伟大、劳动最美丽的观念；体会劳动创造美好生活，体认劳动不分贵贱，热爱劳动，尊重劳动者，培养勤俭、奋斗、创新、奉献的劳动精神；具备满足生存发展需要的基本劳动能力，形成良好劳动习惯。

劳动教育是中国特色社会主义教育制度的重要内容，直接决定社会主义建设者和接班人的劳动精神面貌、劳动价值取向和劳动技能水平。学生在暑假开展了为期1个月的饭店跟岗实践活动，真正地走进企业，贴近岗位，以职业人的身份去体悟社会劳动。在1个月的实习过程中，同学们从精神面貌到劳动技能，从职业观念到服务意识，获得了全面的提升。28位同学携手相伴，共同经历了实习过程中的酸甜苦辣。以此为背景，开展本次劳动教育主题活动。

（二）班情分析

本班为3+4酒店管理专业的高一学生，其中男生11人，女生17人。在完成了高一的学习后，学生对所学专业有了一定的了解，具备了一定的专业知识，对专业有感性认知和热情。按照专业人才培养方案，利用暑假开展为期一个月的跟岗实习活动。

（三）教育目标

认知目标：了解劳动对社会发展和个人成长的重要意义。

情感目标：树立劳动光荣、技能宝贵、创造伟大的职业观；筑牢爱岗敬业、诚实守信的社会主义公民的价值观。

行为目标:通过回顾实习过程,帮助学生树立职业目标。

(四) 设计思路

环节名称	环节内容	活动时间
环节一:视频导入	工作中的你最美丽	5 分钟
环节二:分享主题	带你看看我们的岗位	16 分钟
环节三:点评提升	点评互动,共同提升	18 分钟
环节四:寄语未来	颁发证书,激励前行	6 分钟

(四) 活动准备

收集实习照片,制作微视频《工作中的你最美丽》;按部门分组,收集实习过程中的有趣案例。

二、活动过程

环节一:视频导入

通过配乐的一组照片集锦,展示每一位同学在工作岗位劳动的状态——大家精神饱满、神采奕奕、神情专注,或微笑问好、或耐心服务、或热情引导、或专心忙碌……透过一张张动人的照片,同学们的青春气息扑面而来。(照片是同学们跟岗实践的师父在实习过程中悄悄拍摄的,透过师父们的眼睛,我们看到孩子们在劳动中的热情)

● 设计意图:采用与同学们密切相关的小视频导入,学生主动回顾跟岗实习过程,激发参与此次主题活动的热情。

环节二:分享主题

1. 客房部门 7 位同学派代表分享工作环境和实习过程中的趣事。

小张因工作出现差错,害怕师父批评,躲在布草房不敢出来,结果师父急得到处找他,耐心地开导他,告诉他如何处理效果会更好,还请他吃了雪糕,让他又感动又羞愧。

2. 宴会部门 7 位同学派代表分享工作环境和实习过程中的趣事。

宴会部是酒店中劳动量最大的部门,某同学因表现优秀被酒店评为月度优秀员工,部门同事为 7 位同学举行欢送会,大家纷纷送上了真挚的祝福,一个月的时间,大家用汗水浇筑出的友谊闪闪发光。

3. 中餐部门 6 位同学派代表分享工作环境和实习过程中的趣事。

某同学在工作岗位上度过了自己的 17 岁生日,作为住宿生的他,一个周才能回家一次,所以父母希望他能请假回家,家人一起为他过生日。适逢酒店承接了一个大型宴会,部门人手非常紧张,考虑再三,他选择了留在工作岗位坚持完成接待任务,父母和家人也表示理解和支持。部门经理得知此事后,在宴会结束后特意给他安排了一场特殊的生日宴会,虽然错过了家庭聚餐,但是他认为在岗位上度过的生日是最让他难忘的一次。

4. 自助餐部门 8 位同学派代表分享工作环境和实习过程中的趣事。

自助餐部门的客流量是酒店最大的,早餐时段经常需要接待近 500 位客人。有位客人因为排队失去耐心,扬言要投诉在门口担任迎宾员的小刘同学。面对情绪激动的客人,小刘同学依然能够保持冷静,耐心解释,礼貌安抚。她超高的责任心和忍耐心,赢得了主管的好评。这位客人在用餐结束后还在"美团"网站上给予小刘同学点名好评,部门经理在开餐例会上也表扬了小刘同学,号召部门同事学习他抗压、抗挫的能力和主动沟通的主人翁意识。

● 设计意图:请同学上台讲出身边人和身边事,在分享经历的同时,也在分享感动。鼓励同学们用发现美的眼光去正确看待实习工作中遇到的挫折和困难,直面挑战,勇闯难关。

环节三:点评提升

1. 邀请企业专家对于学生在酒店期间的实习表现进行回顾和点评,在充分肯定同学们实习表现的同时,专家以自身的专业素养影响并引导学生主动思考优秀的酒店人应具备的核心素养是什么。(启发学生:吃苦耐劳、爱岗敬业、诚实守信、团队协作)

2. 邀请家长代表发言。肯定孩子在一个月的社会实践中获得的成长,在劳动技能、职业态度、专业素养等方面获得了全面的提升。

● 设计意图:邀请企业专家和家长代表走进课堂,见证和分享孩子们成长与劳动中的喜悦。企业专家用更加专业的视角指引学生进行职业生涯规划、引发学生的思考;家长通过活动全面了解学生在校期间的学习、生活等情况,对学校和老师形成有力的支持与信任。

环节四: 寄语未来

邀请分管专业教学和企业实践的校领导为参与实习的同学颁发实习鉴定证书,并对同学们深情寄语。

● 设计意图:采用有仪式感的方式,鼓励学生不断挑战自我,获得成长。

三、课后拓展

酒店跟岗实习结束后,用你在岗位上所学习到的劳动技能,在家中为父母提供一次五星级的优质服务。

我的色彩, 我的性格

一、总体设计

(一) 活动背景

人际关系的好坏,对一个人的事业发展与生活质量有着重要的影响。人际关系好的人,可以通过借力来达成自己的目标;而人际关系恶劣的人,在达成目标的路上,会遇到更多的阻力。性格主要是在与他人的相处和交往中发展和形成的,也是在与他人的相处和交往中得以显现的。因此,了解一个人的性格如何,基本上就能了解这个人的人际关系情况。

(二) 班情分析

新生入学后两个月,同学关系由最初的羞涩拘束陌生,逐渐变得大方熟悉、游刃有余,与此同时,同学群体矛盾和"小团体友谊"也多了起来。班级出现了一些不和谐的音符,比如排挤个别同学、个人与集体格格不入等现象。

（三）教育目标

知识目标：了解性格只有差异之分，没有好坏之分。掌握四种颜色的性格特点、优势、劣势，以及改善点。

情感目标：体会每个人都有隐藏的精华，和别人的精华不同，具有自己的气味。

行为目标：学会欣赏自己的性格，提升自己，理解他人。

（四）设计思路

环节名称	环节内容	活动时间
环节一：观视频，找"自己"	视频导入	5 分钟
环节二：做测试，知"自己"	通过测试，进行分组	7 分钟
环节三：经讨论，识"自己"	通过讨论，深入感悟	13 分钟
环节四：借模拟，爱"自己"	情景模拟，升华认知	10 分钟
环节五：树目标，信"自己"	教师寄语，提出希望	3 分钟

（五）活动准备

1. 从图书馆借几套性格色彩方面的图书，摆放在图书角。

2. 用心理测试 APP 进行性格色彩测试，并统计。

3. 布置教室，用桌椅将教室分成四部分，方便学生按颜色入座。

4. 准备背景音乐、相关视频、游戏所用的道具、彩色丝带若干条。

二、实施过程

环节一：观视频，找"自己"

播放视频，不同性格的人对同一事情的处理方式。

● 设计意图：引导学生了解几种不同性格的特点。

环节二：做测试，知"自己"

1. 下发色彩性格测试题，根据测试结果，将同学们分成红、黄、蓝、绿四大组。

2. 根据颜色选座位，每一小组选出一名小组长，做初步的交流讨论。

● 设计意图：通过专业的测试题，引导学生找到和自己相似的同伴，放松身心，初步正面自己。

环节三：经讨论，识"自己"

1. 教师以《西游记》师徒四人为例，讲解红、黄、蓝、绿四种色彩性格的优点、缺点。

2. 四个组的同学互相讨论自己的感受，讨论自己性格的优缺点。

3. 小组长代表总结发言。

● 设计意图：让学生充分了解各种性格的优点、缺点，发现潜在的资源，找到人际交往的密码。同时群体的力量让每一个学生都不会感到孤独，看到同一类别的自己，更加接纳自己；看到不同类别的同学，更能理解别人。

环节四：借模拟，爱"自己"

1. 给出一个小情景，小蒙在食堂用妈妈给买的新餐具打饭，不小心被同学从背后狠狠拍了一下。不同性格的同学代表进行表演。

2. 同学根据表演，进行点评。

3. 自我反思：不同性格的人应该如何相处。

● 设计意图：通过进一步了解各个颜色代表的性格特点，逐渐明白为什么不同性格对待同一件事情会有不同的反应。理解、学习、反思不同的反应方式，接纳自己，悦纳他人。

环节五：树目标，信"自己"

教师进行总结。

● 设计意图：各种色彩性格都有自己的优缺点，都有还可以向其他人学习的地方。请同学们正视自身和周围的资源，相信自己通过努力，可以养成好的性格，建构良好的人际关系。

三、课后拓展

1. 色彩是可以转变的，性格也是可以慢慢改变的，打卡性格养成 21 天。

2. 梳理自身性格优缺点，有意识地进行改变。

缓解焦虑,圆梦高考

一、总体设计

(一) 活动背景

焦虑状态是一种情绪症状综合征,包括精神性(紧张不安,恐惧)、运动性(坐立不安)和躯体性(不适、出汗)焦虑症状。个体与处境不相符的情绪体验,可伴有睡眠障碍。焦虑在人群中并不少见,在有升学压力的阶段,往往会普遍存在。

2019 年 4 月,中国青少年研究中心团队协同中国科学院心理研究所,对青年进行了心理健康专题调查。对 14～35 岁青年进行的调查发现,受访青年中近三成具有焦虑抑郁风险,近一成有抑郁高风险。调查还发现,青年压力的主要来源是经济压力、职业迷茫、学业压力。其中,中学生主要压力来源是学业压力(88.7%)、人际关系(27.5%)、知识危机(27.2%);高等学校在读青年的主要压力来源是学业压力(77.3%)、经济压力(54.7%)、职业迷茫(40.7%)。

(二) 班情分析

距离高考只有一个月的时间,学生普遍存在压力大、心态差、晚上睡不着觉、学习效率低下、对高考产生无力的感觉等现象。这些现象可以归结为考前焦虑。因此本节班会课旨在调节学生心态,缓解考前焦虑情绪。

(三) 教育目标

知识目标:了解焦虑,理解"耶克斯-多德森定律"。

情感目标:放松心情,提高学生专注度;直面焦虑,悦纳当下自己的状态,打消顾虑。

行为目标:结合心理学知识同时利用集体力量缓解焦虑,调整状态,提高备考效率。

(四) 教学思路

环节名称	环节内容	活动时间
游戏导入	游戏环节,放松身心	5 分钟
环节一:直面焦虑,认识顾虑	播放视频,直面焦虑	8 分钟
环节二:头脑风暴,携手共进	集思广益,群策群力	14 分钟
环节三:互赠能量,积极备考	传递信任,携爱前行	11 分钟
环节四:教师寄语,坚定信心	能量视频,汲取力量	4 分钟

(五) 活动准备

1. 出一期黑板报,主题为"跟过度焦虑挥手告别"。

2. 准备有关心理焦虑的调查问卷,并拍摄相关微树洞视频。

3. 每位同学搜集一条或者几条有关成功和失败的名言警句,对抗焦虑。

4. 布置教室,以天蓝色为主色调。

5. 准备背景音乐、相关视频、游戏所用的道具、卡片若干张。

二、实施过程

游戏导入

每组派 1 名同学出来应战,6 名同学围成一个圆圈,A 同学起身发镖,用一句话逗笑 B 同学,若 B 同学忍住不笑,则接镖成功,将镖传递给 C 同学。但如果 B 同学忍俊不禁,则视为出局。留到最后的 3 名同学获胜,可以获得奖品。

● 设计意图:让学生从紧张的学习中抽身,放松身心。

环节一:直面焦虑,认识顾虑

1. 播放视频:微树洞的来信以及调查问卷。明确高三最后的一段时间,焦虑是同学们普遍存在的情绪。还有资料显示,不止我们班,整个高三年级都会存在或多或少的焦虑心态。

2. 教师引导:心理学上有一个"耶克斯-多德森定律"。我们从曲线可以看出,适度焦虑反而利于考试发挥,利于备考。大家把焦虑控制在可控范围内即可,不必过分担心。

● 设计意图:通过日常情况反馈,把特殊问题普遍化,个体问题大众化,让学生意识到考试焦虑是正常的、普遍存在的情况,轻度焦虑有助于考试发挥。再出示"耶克斯－多德森定律",减轻焦虑学生的心理负担,打消学生的顾虑。

环节二:头脑风暴,携手共进

1. 抽取树洞中困扰大家的问题,同学们进行头脑风暴,集思广益。每个小组在树洞内抽取 1 个问题,每个小组成员在卡纸上写上自己的锦囊妙计,写完后小组派代表向全班展示。

2. 教师分享:分享两个锦囊妙计。

第一个是积极心理暗示法。北京奥运会中国代表队的心理教练符明秋教授做过一个对比实验:积极心理暗示时运动员的引体向上成绩比消极的时候提高十几个。很多时候我们可以换个角度想问题。

第二个是瓦伦达效应。瓦伦达是美国著名钢索杂技演员,人在离地几十米的高空走钢索,没任何安全保护措施,险象可想而知。但瓦伦达毫不畏惧,每战必胜。有人问他成功的诀窍,他说:"我走钢索时,从不想目的地,只想走钢索这一件事,专心致志走好每一步,不管得失。"社会心理学把这种做事情专注于事情过程的本身而不在意事情的目的、结果的心理现象称为"瓦伦达效应"。我们可以定一个"3 分计划",每天解决一个知识点,到高考至少能提高 18 分。

● 设计意图:群体出谋划策,携手共进,定能走得更远。引导学生专注过程并发现每一件小事的成功都会给予自己心态上的积极反馈。

环节三:互赠能量,积极备考

1. 同学之间互赠"能量卡",卡片书写格式:我认为你能在高考中取得成功,因为你……(说出三点能成功的优点)

2. 赠送形式:大声念出来。(抽取几组公开赠送)

● 设计意图:同学们充满善意的祝福,会让每一个人都能获得不同程度的力量支持,能有效地减轻焦虑。

环节四:教师寄语,坚定信心

播放家长与科任教师能量视频《我们一定行》。

● 设计意图:告诉同学们他们从来不是孤军奋战,老师和家长永远是们坚实的后盾,是他们坚定前行的动力。

三、课后拓展

1. 引导学生落实"3 分计划",并表扬和奖励达成计划的同学。
2. 利用积极心理暗示心态,布置教室。

共情——架起沟通"心"桥梁

一、总体设计

(一) 活动背景

最近,班级中有的同学之间经常出现误会,有的同学则因为一些小事与父母产生矛盾。学生们往往只从自己的角度出发,对别人难以共情和理解。商务类专业的学生在未来职场与同事、客户打交道需要共情力,也需要通过悦纳自我和良好沟通获得提升。

共情被认为是最能够让他人感受到被懂得、被爱着的表达关心的方式之一。共情说起来好像很简单,就是我们常说的"感同身受",但真正了解它"内核"的人却并不多。

(二) 班情分析

本班为五年一贯制商务日语专业的高三学生,他们经过高中两年的磨合,已经渐渐熟悉,有些同学之间建立了深厚的友谊,互助友爱;也有些同学因为行为习惯各自不同,不能相互理解,甚至因秉性差异大而互相看不惯。问卷调查结果显示,与父母难以沟通的同学占 50% 以上,与同学有沟通隔阂的占 20% 以上。

(三) 教育目标

知识目标:理解共情的词义、共情能力的现实意义。

能力目标:学会换位思考,设身处地体验他人处境,理解他人的感受进而学会互相尊重、互相关心。

行为目标:接纳异己,融入伙伴,体谅父母,博爱友善。

(四)设计思路

环节名称	环节内容	活动时间
案例视频导入	《甘肃女孩跳楼围观起哄致死》 《中餐厅》中黄店长名言 案例中的共同点是什么?	5分钟
环节一:吐槽尬聊,启动共情	分小组讨论,列出自己最不喜欢的聊天,为什么不喜欢? 怎么修正,能不把天聊死?	10分钟
环节二:情景展示,尝试共情	小品表演《妈妈回到家》 小组讨论妈妈为什么会发火	10分钟
环节三:改编剧本,体验共情	各小组改编孩子的台词 再演《妈妈回到家》	8分钟
环节四:换位思考,深化共情	换位思考的图片欣赏 共情小实验——身体的体验	7分钟

(五)活动准备

教师准备:所需视频、音乐、PPT等素材。

学生准备:小组分配、氛围营造、黑板报设计。

二、实施过程

案例视频导入

播放《甘肃女孩跳楼围观起哄致死》,提出问题"大家觉得围观群众过分吗？为什么？"

围观群众眼里完全没有楼顶女孩的生命、尊严,更不用说她有什么烦恼了,只是在看热闹,甚至忙着发朋友圈,发抖音;展示黄店长的图片,"我不要你觉得,我要我觉得！""听我的,都听我的！""我觉得这个事不用讨论,就按我说的办。"对别人说这些话,可以吗？为什么？

【认知重点】共情(EMPATHY)能力,或移情能力,是一种能设身处地体验他人处境,从而达到感受和理解他人情感的能力。

● 设计意图:营造氛围,揭示主题——低共情力制造了冷漠、残酷、分歧。

环节一:吐槽尬聊,启动共情

小组讨论:列举那些无法继续进行的聊天对话,并说明为什么不愿意继续了。

1. 在我们身边也有很多不顾及别人感受的人,可能你也被伤害过,请每个小组讨论后列出一到两个尬聊的例子。

2. 小组代表发言,说明为什么这样的天就"聊"结束了。

3. 如果有人曾经把天聊到结束,现在请尝试纠正。

● 设计意图:让学生从自己受到的"伤害"出发,先觉察自己的情绪、情感和需要,才能共情别人的情绪、情感和需要。归纳共情的方法:换位思考——接纳情绪——包容观点——表达情感。

环节二:情景展示,尝试共情

1. 小品表演《妈妈回到家》

(周六,妈妈加班。傍晚回家后,看到小君在客厅看电视,书房的灯开着……)

妈:"人不在书房,灯还开着干吗?"

君:"忘记了呗,大惊小怪的。"

妈:"电不要花钱啊?我这么辛苦加班不就是为了赚钱吗?"

君:"钱钱钱,能不能不要那么庸俗啊?"

妈:"高雅能当饭吃啊?周末在家就知道看电视,也不知道多看会儿书!"

君:"我刚打开电视好不好?一回来就唠叨,烦不烦!"

妈:"我还不能说你了是不是?你看看张阿姨家小丽,同样是妈妈加班回家。人家就知道帮妈妈把饭烧好!学习比你好,做人比你懂事。"

君:"人家孩子好你怎么不给人家当妈去?我再不好也是你生的、你养的!"

妈:"你!!!"

2. 小组讨论,妈妈为什么发火?

● 设计意图:本小品中有亲子关系常见的几个问题,"观念不和""与别人家孩子做对比""唠叨发泄情绪"等,请学生作为旁观者来看妈妈,作为表演者来体验妈妈,作为编剧来改编情节。

环节三:改编剧本,体验共情

1. 用共情的思维重组语言,重建沟通,对妈妈表示体谅和感恩,表达爱。

2. 小组尝试写出"我"的"心"台词,重新表演。

● 设计意图:将之前归纳的共情方法套用在本组矛盾中,从妈妈的"冰山"之下发现她的观点、情绪、情感,并重组语言。

环节四:换位思考,深化共情

不同视角图片观察

● 设计意图:从站位角度提供了不同信息的角度,阐明换位思考的不容易。

三、拓展延伸

1. 觉察别人带给自己的烦恼,从而反思自己也曾说过哪些让别人不开心的语言。

2. 内省自己想要被如何对待,从而去反思应该怎样去对待别人。从自己开始,主动共情,友善博爱。

其实我想更懂你

一、总体设计

（一）活动背景

中学生与家长缺乏沟通的问题普遍存在,很多中学生都出现了与家长沟通困难的情况。有些学生认为父母不太了解自己,有些学生认为与家长沟通存在障碍。与父母存在着双方以自我为中心严重,缺少沟通艺术且沟通时间少,渠道单一,单纯关注学习,忽略全面发展等沟通方面的问题。针对此种情况,我特意设计了本节班会课。

（二）班情分析

当今的高中生,面对着瞬息万变的世界,他们的内心比我们想象的要成熟,也比我们想象的要脆弱。面对这样一群学生,只有爱是不够的,他们更需要我们能像对待成年人一样去尊重和理解他们。作为成人,我们应该把自己的急切收起来,采取迂回的方式,走到他们的身边,走进他们的内心,让彼此更了解。

（三）教育目标

知识目标:掌握亲子沟通的技巧与方法。

情感目标:增进父母与学生之间的了解。

行为目标:改变日常沟通模式。

（四）设计思路

环节名称	环节内容	活动时间
环节一:你说我像云	展示结果,现场采访	7分钟
环节二:其实你不懂我的心	互动交流,增进沟通	5分钟

环节名称	环节内容	活动时间
环节三:开始懂了	小品展示,增进了解	13 分钟
环节四:我想对你说	朗读信件,升华感情	3 分钟

(五) 活动准备

1. 教师准备:所需视频、音乐、PPT 等素材。

2. 学生准备:校园小调查、氛围营造、黑板报设计、小品排演。

二、实施过程

按照陶冶法、讨论法、品德修养指导法、情感体验法制订计划并实施。

环节一:你说我像云

1. 播放母女对话。

妈妈:"孩子,这才几天,你都不让妈妈靠近了。"

孩子:"妈妈,因为你太唠叨了,我不想跟你说话。"

2. 学生展示"亲密度"调查结果。

接受调查的学生中有一多半的同学认为自己和父母之间的关系处于一般或紧张中。

3. 教师扮演记者现场采访学生,了解班级中学生与父母的关系。

教师小结:目前亲子关系的确呈现日趋紧张的态势,为什么在骨肉至亲之间会产生这种情感?这需要我们好好探讨。

● 设计意图:教师在把握学生认知水平和已有经验的前提下,引起学生的认知冲突,调动积极性。

环节二:其实你不懂我的心

1. 谈谈与父母产生矛盾和冲突的焦点。

2. 邀请神秘嘉宾——学生家长,说说家长们的顾虑和担忧。

3. 教师小结:要问孩子和父母是不是还爱着对方,答案一定是"爱"。显然,在当前两代人的矛盾中,我们缺少的不是爱,而是沟通和交流,很多不起眼的小误会、小摩擦,如果不适时解释和解决,最后会像下面的小品中所展示的那样,爆发大的冲突。

4. 观看小品《其实你不懂我的心》,展现一个常见的母女沟通失败的案例。

● 设计意图:父母学生敞开心扉,认识沟通和交流的重要性。

环节三:开始懂了

1. 让学生现场为小品中夺门而出的雨晴和坐地而泣的妈妈支招,或者提意见,说说更好的沟通方式。

2. 小品《开始懂了》实际上是让时光倒流,将小品按照学生们的思路重现,时间回到星期天上午,雨晴和妈妈改变了对话方式,最后皆大欢喜。

● 设计意图:教师引导学生在遇到问题时注意沟通方式,通过实景演练加深印象。

环节四:我想对你说

1. 学生说说心里印象深刻的与父母的冲突,跟父母说说心里话。

2. 播放录制好的视频:学生家长对孩子的期许、道歉和祝福等。

教师小结:了解了同学的想法,听了家长的肺腑之言,老师深刻地感受到,你们之间不缺少爱,缺少的就是沟通。今后遇到类似的情况,我们应该怎样做,这值得每一位同学和每一位家长思考。

● 设计意图:学生反思,家长学生敞开心扉。

尾声:播放音乐《感恩的心》,给父母一个拥抱。

教师小结:面对"00"后的孩子,我们和父母一样需要换一种眼光,换一种思维去接受他们,不能一味地强迫他们按照我们的方式生活。在尊重的前提下,关爱、关怀、关心、管教,也许会比生硬的要求效果好得多。新的问题,新的征程,我们和家长一起出发。

● 设计意图:健康的心理是学习进步、事业成功的基础。用心去理解,用心去沟通,认识学生的心理,理解学生的心事;用心去交流,用心去教育,打开学生的心灵之门,不要让孩子们说"其实你不懂我的心"。

三、课后拓展

1. 推荐家长阅读《今天,我们这样做家长》。
2. 推荐学生阅读《遇见未知的自己》。

和谐班级,你我共创

一、总体设计

(一)活动背景

集体主义教育是促进学生良好品质的养成、全面提高教育质量的有效途径。学会关心,就是心中有他人、有集体、有亲情、有友情,就是有热心、有爱心、有善心。教学生学会关心,团结友爱,就是良知的呼唤,责任心的培养,是班主任工作的任务之一。高一入学初期,是对学生进行集体教育、建立团结和谐班集体的最好时机。

(二)班情分析

作为高一刚入学的新生,他们对一切充满了新鲜感,独立意识强,通过军训,学生对彼此有了简单的了解,但男女生之间、住宿生与走读生之间仍然互相不熟悉,班级中的集体意识尚未形成,学生的团结协作能力也有待提高。

(三)教育目标

知识目标:使学生能正确认识个人和集体的关系,让学生知道班级建设和未来社会中需要团结合作的精神;在活动中感悟与人合作的方法,学会与人合作。

情感目标:激发学生对新集体的热爱和期望;在活动中体验团结合作成功的喜悦;使学生具有初步的团结合作意识和能力。

行为目标:使学生在将来的学习工作中能做到以集体的利益为重,正确处理个人和集体的关系。

（四）设计思路

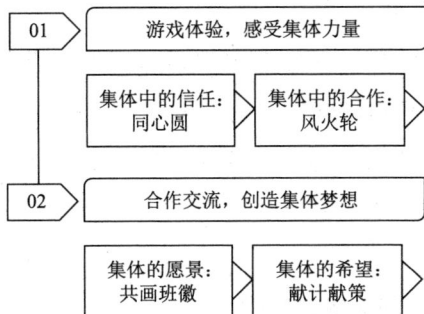

（五）活动准备

准备废旧报纸、胶带、软垫、画板、彩笔；准备音响、下载好音乐；下载同心圆和风火轮游戏的讲解视频；将学生分为四个小组，每个小组推选一名组长。

二、实施过程

环节一：游戏体验，感受集体力量

1. 集体中的信任：同心圆

（1）说明游戏要求：将所有成员分为四组，让每组队员围成一个圆，选一位队员站在中央。每个人伸出自己的双手，中央的队员则双手抱在胸前。中心队员说："我叫某某，我准备好了，你们准备好了没有？"全体队员回答："准备好了。"中心队员："我倒了？"全体团队成员："倒吧！"这时整个身体完全倒在团体成员的手中，这时团队成员把中央队员顺时针推动两圈。

（2）采访游戏体验：所有成员依次做完后，采访几位同学交流感受。

● 设计意图：打破隔阂，建立相互熟知、相互信任的团队氛围。相互之间的沟通是树立这种信心的基础，也是建设有凝聚力班集体的开始。

2. 集体中的合作：风火轮

（1）说明游戏要求：四队人员分别在起点线后排成四行纵队，每人发一张旧报纸，在中间挖两个洞，将报纸小心地套过头顶放在肩上，再用双手托住身前报纸以及前面队友身后报纸的两角，这样就组成了几条风火轮。主持人发令后，齐心合力蹲着走前进,左右脚要齐步,中途撕破报纸则要重新开始。未撕破报纸而先到达终点的队获胜。

(2)交流游戏体验:每个小组游戏完成后,交流游戏中的体验。

● 设计意图:通过集体游戏学生能感受到来自集体的力量、温暖和幸福,有利于营造和谐、健康的人际关系。在学生体验团队合作的过程中,引导学生透过现象认识本质,培养学生热爱团队、崇尚奉献的情感,提高学生的责任心和集体荣誉感。

环节二:合作交流,创造集体梦想

1. 集体的愿景:共画班徽

请同学们将自己心目中理想的班集体形象通过班徽的形式表现出来,与同学交流设计想法。

● 设计意图:通过班徽的设计,激发学生对新班集体的热爱和期望,概括出本班同学共同的期望,作为大家的奋斗目标。希望同学们都能积极设计,自己动手制作作品。

2. 集体的希望:献计献策

结合自己的优势,请同学们谈谈能为班集体的建设做什么,引导学生结合自己的特长来讨论。

● 设计意图:通过这一环节希望学生努力为班集体建设献计献策,促进学生之间的交流和融合,让学生明白自己是班级建设中不可缺少的一分子,进一步明确创建优秀班集体需要每一个人的努力,营造了良好的班级氛围。

三、课后拓展

申请班级公众号,并将活动中的照片和学生的心得体会收集整理,发布在班级公众号中。

绽放青春，做最好的自己

一、总体设计

（一）活动背景

行为规范教育旨在培养学生形成良好的道德观念和行为习惯，是落实立德树人根本任务的重要途径。青少年正处于身心发育成长的时期，正处于世界观、人生观、价值观的形成阶段，他们的思想品德往往具有很大的可塑性，这一时期抓好他们文明行为习惯的养成教育，无论是对当前他们良好道德行为的固化，还是对他们今后漫漫人生高尚行为的养成，都具有决定性的意义。中共中央、国务院《关于进一步加强和改进未成年人思想道德建设的若干意见》和教育部重新颁布的《中小学生守则》及《中等职业学校学生公约》都对学生的行为规范养成做了明确的规定。

九月份为我班行为规范养成教育月，因此利用九月份一个月的时间对学生进行行为习惯的养成教育，教育引导学生自觉养成良好的思想品质和行为习惯。

（二）班情分析

国际货运代理专业高一的学生，刚刚进入高中，对学校里的一切都充满了新鲜感。但由于疫情的影响，他们初三的大部分时光是在家中度过的，所以他们的行为习惯和纪律意识较差，缺乏规则感，经常出现上学迟到、上课不遵守课堂纪律、使用不文明用语、不交作业等情况。

（三）教育目标

知识目标：了解学校的校规校纪，知道良好行为习惯的养成对人生的重要意义。

情感目标：有一定的自我教育和自我管理能力，树立规则意识，形成自尊、自爱、自律、自信、自强的意志品质。

行为目标:自觉遵守校纪校规,学会自我控制,使纪律约束、外在监督的"行为规范"成为内化于心、外化于行的"行动自觉"。

(四) 设计思路

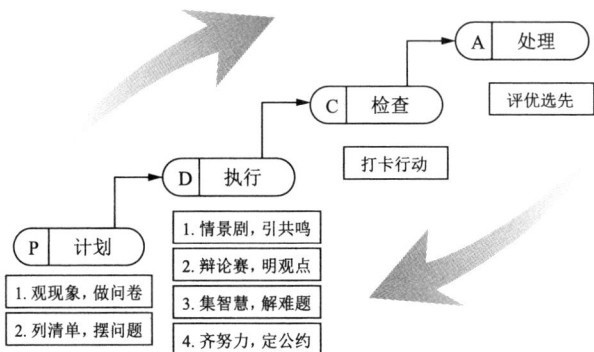

(五) 活动准备

1. 设计并发放调查问卷(学生版、家长版)。

2. 一、二小组准备情景剧表演,提前安排剧本、演员。

3. 三、四小组分正反两方进行班级辩论。

二、实施过程

环节一:情景剧,引共鸣(30 分钟)

一、二小组分别将同学在学校里学习生活中的各种行为表现以情景剧的形式进行表演和诠释。直观地将学生在学校人际交往、班级建设、社会生活中存在的问题和矛盾呈现给学生,让学生有身临其境的感觉。师生可以围绕剧中人的言行展开讨论,而非直接批评班上的学生,有助于大家畅所欲言。

● 设计意图:通过观看情景剧,引导反思自己的行为,使他们在对比中发现自身问题,优化行为习惯,达到寓教于剧的目的。同时,情景剧中出现的矛盾冲突,还可以调动学生的思维,学生在参与过程中自然而然成为德育的主体,对主题的理解也会更深入。

环节二:辩论赛,明观点(30分钟)

三、四小组学生分为正反两方,就"行为规范是否有利于个性发展"这一辩题展开辩论。在辩论的过程中,学生逐渐明白个性发展需要行为管理创造外部的条件,同时行为管理要充分发挥个体的内化作用。

● 设计意图:引导学生对遇到的问题和现象进行更深层次的思考、表达、判断和选择,通过理性思辨获得全面认知,引导学生客观、辩证地看待问题,让学生明白健全的规章制度可以对学生的品行进行有效的约束和控制,使行为规范从他律性向自律性转换。实现辩以明理,论以求真的育人目标。

环节三:集智慧,解难题(20分钟)

1. 头脑风暴,集智慧:每个人想出一个改掉不良行为的办法。

2. 适时追问,引思考:引导学生学习自控、自律的方法。

● 设计意图:通过小组讨论、全班分享,讨论具体实际可操作的自律、自控措施,激发学生的认知力和思辨力,同时全员分享可催生责任心,个体乐意为自己提出的主张承担责任。

环节四:齐努力,定公约(30分钟)

1. 参照学校的校规校纪,结合班级的实际情况,学生、老师共同制订班级公约,并签字。

2. 每位同学为自己制订计划——"做最好的自己"。

● 设计意图:随着认知深入和情感提升,学生形成价值观并推动自发行动。让学生明确自己的责任,全班同学共同监督。

三、课后拓展

打卡行动

根据21天习惯法则,活动完后的三周时间内督促学生按照"做最好的自己"行动计划,进行打卡活动。同学们互相监督、点赞。每周由学生投票选出班级的"最大进步奖"和"最佳表现奖"。

● 设计意图:对于自控力不强的学生来说,通过打卡可以借团体的力量监督自己,从而帮助学生养成良好的行为习惯。通过小事情的成功累积成就感,同时对优秀学生的表彰也起到了榜样引领作用。

第三篇

智慧解决常见的班级管理问题

中职学校的学生普遍重技术,重操作,轻文化课程学习。学生的自主学习能力和自我管理能力相对较弱,这就在很大程度上增加了中职班主任管理班级的难度。班主任是学生成长的掌舵人,是引领学生健康成长的关键人物。2010年,教育部、人力资源社会保障部联合下发《关于加强中等职业学校班主任工作的意见》强调,中等职业学校班主任岗位是重要的专业性岗位,班主任需要认真履行学生思想工作、班级管理工作、组织班级活动、职业指导工作和沟通协调工作五大主要工作职责,这就要求班主任了解学生身心发展规律,熟悉班级学生的性格特点,明确班主任工作职责,才能有效地解决日常管理中出现的问题,促进学生的健康发展。

一、深入学生,注重因材施教

在社会思潮多样化的背景下,学生容易受到各种因素的影响,逐渐出现叛逆的思想和行为。这就需要班主任全面掌握学生成长环境,制定针对性强的、有效的教育策略,全面提高学生的综合素质。为此,班主任要坚持因材施教原则,对所有学生一视同仁,结合学生实际学情,制定科学合理的班级管理计划,为学生健康成长保驾护航。班主任在进行班级管理时,应精准掌握学生基本情况。通常班主任在了解学生情况时应从以下几个方面进行:第一,了解学生的学习生活情况、身心健康情况、特长爱好等;第二,了解学生的家庭背景情况,如掌握学生家庭成员教育背景以及联系方式等,以便能够有针对性地与家长进行沟通,同时在确保在遇到突发情况时能够及时与家长取得联系。另外,班主任在了解学生实际情况时应尽可能地贴近学生,融入学生群体中,平等、温和地与学生进行沟通和交流,拉近师生之间的距离,如此才能结合学生的实际情况制定高效的班级管理策略。

二、完善制度,优化班级氛围

制定完善的班级管理制度是班主任对班级进行有效管理的重要前提。结合现代化的班级管理理念,一方面,班主任在优化班级管理制度时不仅要完善学生的日常行为规范制度,还应着重完善赏罚制度,注重发挥头雁效应。对进步的学生给予表扬,对犯错的学生要共同分析原因,进行有效纠正。同时,还应积极开展学生的自我批评、自我反省等活动,引导学生在反思中觉察自身存在的不足。通过适度的惩罚提高学生的自控能力,也保护学生的自尊心。另一方面,班主任还应加强对突发事件的应急管理,建立健全突发事件应急机制和预案,经常性组织安全教育、逃生演练等活动,提高对班级突发事件的应急处理能力。

除此之外,班级是学生学习和生活的最主要场所,班级氛围和环境直接影响着学生的学习能力、自主管理能力。因此,班主任应为学生营造一个积极向上的氛围,创造一个和谐、友爱的班集体,使学生在健康的班级环境中,获得强有力的支持,从而有效促进学生的健康发展。

三、智慧管理,强化管理效果

一方面,班主任要转变传统的班级管理理念,唤醒学生的自主管理意识。此阶段的学生已经具备了一定自主管理能力,基于这种情况,高中班主任可以教给学生自主管理的方法和技巧,引导学生积极参与班级管理。如班主任在日常管理中可以与全班学生共同讨论决定相关的管理事项,制订自主管理目标,并按照这一目标对学生进行严格评估和考核。另一方面,班主任要善于运用信息化手段优化班级管理,如利用微信、QQ 与学生展开互动,及时了解学生的动态;利用微博、抖音等平台记录学生生活,拉近师生距离;利用问卷星、接龙管家等小程序,对学生信息进行管理等。在教育现代化背景下,班主任应学会借助各种信息手段,并结合具体的反馈,更加深入地了解学生,有效地管理班级。

四、加强沟通,实现合力育人

教育教学过程中的合作不仅局限于学校、教师和学生之间,也逐渐融入了家庭教育元素。班主任在日常管理中还应加强与学生家长的沟通交流。及时了解学生在家中的表现,将学生在学校的表现传递给家长,并对学生做出相应的评价。结合学生在家庭中的情况,调整自身的管理方法,促使管理更加富有针对性,如通过家长委员会、家长学校、家长会、家访、家长接待日等各种家校沟通渠道,加强学生教育家校协同机制建设,帮助家长建立正确的育人观念,提醒家长切实履行好对学生教育和监护的责任,准确掌握离校期间学生动向,关注学生人际交往和情绪表现,防止出现监管盲区。在家校共育下,共同助力学生健康成长;在教育合力下,实现对学生的优质教育。

五、正己树人,提升自身素质

班主任是学生在学校中接触最频繁的人,班主任的一举一动都会在潜移默化中影响着学生,学生会形成相应的行为习惯。因此,班主任要发挥引导者的作用,关注自身的综合素质,为学生树立良好的学习榜样,为学生灌输正确的价值观。班主任在日常教学管理中应时刻保持积极向上的工作状态和认真负责的精神。加强对自己语言和行为的约束,充分发挥榜样示范作用,促使学生在班主任潜移默化的影响中逐渐端正自身思想和行为,朝着更好的方向发展。

亲子关系紧张的问题

一、问题情景

小茹的父亲是某建筑公司董事长,常年奔波于工地和公司,工作之余,常常用打麻将和钓鱼缓解工作压力,平时很少在家,对小茹的生活、学习无暇关注,只在考试后询问考试成绩及排名。

小茹的母亲是个全职家庭主妇,平时照顾小茹的生活起居,但她希望小茹父亲不要总是把时间用在事业和娱乐上,多陪陪家人,经常与小茹父亲产生争吵;喜欢花高价美容,打麻将上瘾,有时会因为打麻将将小茹一个人放在家里玩手机、上网,等到打麻将结束后看到小茹没有学习就会呵斥和批评,甚至大发雷霆;在经济上放纵小茹,给小茹很多零花钱,基本上小茹所求都可以无条件满足;脾气暴躁,几乎不考虑小茹的兴趣爱好,经常以自己的经验给小茹安排所有事,小时候小茹总是无条件服从,现在经常以争吵的方式沟通、解决问题。小茹越来越不喜欢上学了。

二、定性

这是学生家庭关系紧张、学生缺少关心导致学习动力不足、产生厌学情绪,属于班主任职责中学生思想工作、沟通协调工作的内容。

三、定因

外因影响:父母忙于事业,缺少对孩子的关爱,同时父母也缺乏科学的教育理念。

内因影响:

1. 青春期,学生自我意识高涨,产生逆反心理。

2. 长期缺少关爱,学生心理失衡。

四、定策

(一) 进行家庭教育指导

首先,班主任可以通过家访深入了解学生的家庭情况,给予有关家庭教育的指导,树立班主任良好的师德形象,赢得家长对学校和班主任工作的大力支持。

其次,班主任定期召开家长会,加强学校与家庭的联系,形成教育合力,构筑沟通的桥梁。在家长会上,与学生家长集中讨论共同关心的问题,增进教师和学生家长间的相互信任。及时沟通学生动态,调整、改进教育举措,促成学校教育与家庭教育有机结合,使之更具一致性、针对性和有效性。向家长传递有效信息,尊重家长的权利与需求,给家长切实有效的家庭教育指导。

最后,利用电话、短信、书信等方式与家长进行沟通,班主任可以把对家庭教育的思考写在博客中,或者通过邮件的形式发送给家长,供家长阅读,利用网络与家长进行有效沟通。

(二) 改变亲子沟通模式

引导家长拓展教育内容。家庭教育内容的单一源于家长的教育观念单一。作为班主任,首先要帮助家长更新教育观念。家长如果对孩子提出不切实际的要求,忽视了全面发展,或主观只要求孩子学习好,而方法不对或者不适当,都会适得其反。身为班主任,要指导家长转变教育观念,树立正常的成才观、人才观,使家庭教育由经验育人向科学育人转变,由片面注意书本知识向教孩子正确做人转变,由简单命令向平等沟通转变。

引导家长采用合理的教育方法。家长应该尊重孩子的独立性。家长必须认识到孩子是一个逐渐成长和完善的个体,对子女成长中出现的一些行为应当持积极的态度去面对,并有意识地去帮助、引导孩子。班主任应指导家长开展"赏识教育"和"鼓励教育",毕竟表扬可以使孩子得到愉快的心理体验,做到"正强化"孩子的心理和行为。如果要批评,也要讲求科学的方式和方法。另外,班主任要帮助家长在家庭中创造有利于孩子身心健康发展的环境。一是精神环境,一是物质环境,其中精神环境更为重要。父母在家庭中要营造良好的学习氛围,创建学习型家庭,让孩子懂得学习知识技能的重要性,培养孩子学习的自觉性、主动性、创造性。

(三)引导学生树立正确观念

让学生明白学业的重要性,让小茹进行一次慎重的生涯规划,让学生正视自己的将来和人生。初步确立需要学习、需要奋斗的决心。

发挥榜样示范引领作用,让小茹的同学对她进行正向的引导和带领,让小茹看到自己的资源和力量。

班主任多关注小茹,让她大胆说出自己的内心感受,还可以创造合适的机会让小茹和爸爸妈妈坐下来敞开心扉谈一谈。

家庭教育是大课题,也是大难题,需要全社会共同关注、参与。家庭教育路漫漫,还需共同努力。

突发意外事故的问题

一、问题情景

小张放学后,为了赶公交车,横穿校门口的大马路,被一辆汽车刮伤了。

二、定性

这是学生交通安全事故问题,属于班主任职责中班级管理工作和思想教育工作的内容。

三、定因

主观因素:学生自我认识不足,多数学生认为个人安全问题事件不会发生在自己或者周围人身上,但当他们遇到突发紧急情况时便会惊慌失措,不知道该怎么办。

客观因素:由于安全教育的内容、方法、形式等较为单一,难以吸引学生的注意力,无法引起学生的重视。

四、定策

(一) 合理预判,冷静处理

由于事发地就在学校门口,所以作为班主任的我第一时间到达现场,向学生了解情况,对事件的严重程度做出预判。由于车速不快,所以学生伤势不重,此时我联合学校保卫帮助疏散围观人群,马上拨打了 110 和 120,同时联系学生家长,告知学生家长具体情况,还要安抚学生家长的情绪,避免家长有过激行为。

(二) 及时上报,预案应对

发生安全事故后,仅依靠班主任一个人的力量通常是无法解决的,班主任要注意及时将情况上报学校,以便更好地解决问题。

(三) 协助处理,暖心关爱

学生发生安全事故后,如果家长需要,可以协助家长办理保险索赔,如果学生住院,作为班主任也可以代表全班同学去医院看望慰问受伤学生,并尽可能地为学生补课提供帮助,让学生感受班级的温暖。

(四) 反思教育,警钟长鸣

此次事件处理完成后,要抓住教育契机,在班级进行安全教育,找出原因,吸取教训,让其他同学引以为戒,坚决杜绝类似事件的发生,做到警钟长鸣。

五、反思

(一) 预防教育,防患未然

学生安全管理重点在于预防和教育。班主任可在班级主题班会、德育活动课等形式的课堂上开展专题教育,加强安全教育,提高学生安全防御和自我保护能力。在关键节点,可以借助学校统一安排,组织专题讲座,展开安全演练,倡导学生签署安全承诺书。

(二) 日常排查,减少隐患

班主任要充分了解学生的心理动态和日常行为,要与学生建立多渠道的沟通机制；建立学生信息档案，保障沟通的通畅；建立班级信息员机制，通过信息员的反馈，了解学生群体及重点学生动向，排查安全行为隐患。

（三）自我提升，处乱不惊

班主任对安全事件中可能涉及的法律法规、制度要求、预警机制都应该熟练掌握运用；要不断提升沟通表达能力、组织协调能力，做到遇到问题时从容不迫、应变快速、张弛有度。

（四）家校共防，合力育人

班主任还应充分发挥家长的监护引导作用，实现家校共防，安全事故的防范在一定程度上更需要家长的主动担责和积极作为。鼓励家长通过言传身教给孩子做好榜样和示范，与家长一起注重学生道德品质的培养，帮助学生养成良好的安全行为、行事习惯。

安全无小事。安全工作来不得半点马虎大意。对待安全性突发事件，我们要始终保持高度警觉，常抓不懈，防患于未然，与家长合力关注学生安全，为学生共同营造一片安全的蓝天。

学生之间的矛盾的问题

一、问题情景

体育课上，班里的篮球健将小张不小心将球弹出了球场外，正好打到了在一旁看球的小高的眼镜上，眼镜摔在地上碎了。越来越多的同学聚集到了事发现场，可小张还是站在原地一动不动。这可激怒了正在气头上的小高，骂骂咧咧地去找小张算账说："你长不长眼？"小张也不甘示弱，不服气地说："我又不是故意的，谁让你站那的！"小高一听更生气了，一拳将小张的鼻子打出了血，两个人在球场上打了起来，几个学生合力才将愤怒的二人拉开。

二、定性

这是学生之间因小事发生矛盾冲突的偶发事件,属于班主任职责中班级管理工作和沟通协调工作的内容。

三、定因

埃里克森个性发展理论认为,中学生正处于"角色同一和角色混乱"发展危机之中,心理不够成熟,容易冲动,再加上没有足够的处理人际关系的技巧,缺乏解决处理问题的办法和处理争端的技能等自我发展的能力,即缺乏现代社会人与人之间解决争端的公民技巧。因而,许多学生与同学的矛盾和冲突不能及时得到有效解决,导致同学间矛盾、冲突现象层出不穷。

四、定策

(一) 赶赴现场,控制局面

班主任要第一时间赶赴现场,制止冲突,避免事态升级,同时安排在场班委及时将围观的学生劝离。在制止冲突之后,应先观察学生身上各个关键部位,仔细询问学生有没有受伤,若有受伤应及时处理伤口,学校处理不了的立即送医并联系家长。

(二) 稳定情绪,了解经过

先处理情绪,再处理问题。班主任将学生带到办公室后,不要马上对学生进行问责,此时学生刚从异常激动的情绪中出来,如果班主任即刻严厉批评教育,无疑会对学生的情绪产生更大的刺激。这时不妨让他们单独冷静,待平复好心情之后再来处理。学生心情平复之后,班主任可以分别询问,并要求双方写出事件经过。班主任还应该询问其他在场的同学,从而对事件有一个清晰、全面的认识。

(三) 分析情况,确立对策

在了解了事件发生的始末之后,班主任要秉持公正的原则,就事论事,不偏袒任何一方。在划分责任、厘清责任之后,最重要的一点就是化解同学之间的芥蒂。可通过单独谈话,动之以情、晓之以理,耐心引导学生认识错误,化解矛盾,促使双方在今后的学习生活中友好共处。

(四) 家校沟通, 掌握方法

学生在校发生矛盾时,班主任也需要及时和家长进行沟通。尤其要注意自己的用词,理智客观地分析事情的起因经过,引导家长换位思考,安抚好家长的情绪,避免产生误会,也可以给家长提一些合理化建议。

(五) 持续关注, 后续跟踪

事件处理完后,短时间内学生多少会有情绪波动,也可能没有完全接受此次事件的处理结果。这期间,班主任要时刻关注学生的心理变化,对症下药,及时疏导。只有充分打开学生的心结,学生才会认可班主任的教导,并不断改进自身不足,提升自我。

学生沉迷手机的问题

一、问题情景

小美和父母的关系近来急转直下,专业课程学习也遭受挫折,经常与同学产生矛盾,玩手机游戏成瘾。她每天只要有空就玩手机,吃饭玩、睡觉玩,甚至会因为玩游戏整晚不睡觉。她这样每天沉迷网络的行为,已经严重影响到正常的学习和生活,影响了精神意志,使她的生活学习没有了方向,更没有了斗志。

二、定性

这是手机成瘾,在专业上称之为游戏障碍。学生依赖手机的主要原因是社会电子产品丰富、吸引力大或是受家庭环境影响,另外还有一些心理因素。这属于班主任职责中学生思想工作的内容。

三、定因

(一) 外因

1. 家庭因素:家庭中亲子矛盾尖锐。

2. 社会因素:网络、电子产品丰富,诱惑力强。

(二) 内因

1. 小美性格内向、自卑、孤僻,不喜欢表达。遇到问题和难以排解的困难时,就容易逃避现实,去网络上寻找安慰,寻找精神寄托。

2. 小美长期学业不佳,成就感较低,得不到周围人的理解和认可。

四、定策

(一) 加强心理健康教育,减轻学生心理焦虑

研究表明,手机成瘾程度越高的学生在人际关系、学校认同和主观幸福感上的得分越低。班主任应该认识到自身性格有缺陷(比如懦弱、胆小、好强、敏感多疑)的人在网络里更能体验到难得的自由和快乐,这样很容易形成一个难以摆脱的恶性循环。根据青少年的心理特点及个性特征,班主任与学校心理咨询教师共同开展健康人格教育、心理辅导和心理咨询,帮助他们形成对自身身心状况的正确认知,减轻心理焦虑,发挥他们的独立性和主动性,启发引导他们通过自己的思考和体验,自觉地将教育要求转化为自身愿望。

(二) 制定合理学习目标,让阶段目标支撑梦想

帮助小美制定合理的学习目标、阶段目标、人生目标。班主任不仅要敢造梦,还要把造梦造到位,并且要给出人生大目标的描述模式:以后要成为什么、要拥有什么、要做什么。目标可以远大,但要清晰、坚定。通过开展主题班会、主题活动,邀请在全国护理技能大赛中取得优异成绩的同学与小美进行面对面交流;联系学校优秀毕业生和在专业领域已做出一些成绩的学姐视频连线,让目标可视化,激励小美为之奋斗。

(三) 进行环境干预, 灌输爱的力量

班主任借助班级干部、同宿舍同学帮助小美建立微信社交群,扩大爱的包围圈,让大家的鼓励形成一个小型的社会心理支持。只有被爱长期包围的孩子,其内心的坚冰才会融解,最终内心才会充满爱、输出爱。主动去发现小美的天赋,引导她去发现手机之外的丰富生活,用现实生活中的成就感、价值感和存在感,来代替虚拟世界的这些感觉,逐渐让她感受到现实生活也是五彩斑斓的。

(四) 引导家长高质量陪伴, 改善亲子关系

班主任要教育引导学生维护好自己和好朋友之间的关系,同时要多和父母沟通感情。父母的理解、包容、帮助才是幸福和快乐最大的源泉。引导家长改善和孩子的沟通方式,多给孩子一些正面鼓励与赞赏;根据孩子的喜好和特长去因势利导,做好正面榜样;课余时间家长和孩子都放下手机,专注于学习、工作,主动用阅读、运动等正能量活动充实自己的生活;利用吃饭时间家长和孩子都说说当天的见闻和烦心事,一起出主意解决,让孩子在参与中发现自己的力量。

五、反思

面对学生沉迷手机的问题,既需要老师正确的引导和关心,也需要同学的互相帮助,更需要家长的大力支持。多方形成合力,慢慢走进学生的内心,用校园的温馨和家庭的力量温暖孩子的心,帮助孩子的心灵找到一条回家的路!不要让网络成为青少年的精神避难所。

学生拒绝劳动的问题

一、问题情景

开学初,卫生委员组织同学提前来学校打扫卫生,可动员了半天,班里只有几个同学主动报名。卫生委员委屈地向我反映,好多同学和他说:"我来学校

是学习的,将来也不干打扫卫生的工作,再说,学校有保洁阿姨打扫,为什么还要我去？"

二、定性

这是对劳动教育的不认同,学生形成了错误的劳动观,属于班主任职责中班级管理工作、思想教育工作和沟通协调工作的内容。

三、定因

(一) 主观原因

中学生认知能力处于发展阶段,很难准确地理解劳动的价值和作用。这时如果没有正确的引导,劳动价值观、世界观和人生态度就会被扭曲,形成错误判断,形成劳动认知偏差。

(二) 客观原因

1. 学校教育中劳动教育缺失。学校教育更多地将着重点放在学习上,没有把劳动教育作为必要的教育环节,也没有将生活技能、劳动能力作为学生成长进步的评判标准。

2. 家庭教育中劳动教育缺失。受家庭教育的影响,学生在家中很少或从不参与家庭劳动,一些家庭只注重考试的分数,而忽略了生活的分数,导致家庭教育的错位,学生全面发展出现了短板。

四、定策

(一) 言传身教,示范引领

劳动教育中教师要素不可以缺席,说教引导是必要的。率先垂范,以身作则,示范引领更为重要。要以教师和长辈的身份带领学生参加各项劳动教育活动,不但要教给学生劳动创造价值思想,还要教给学生行为方法和劳动技能,让学生看着学、学着做、做中不断催生劳动思想,教、学、做合一。身教重于言教,教师默默地躬身亲为所形成的感召力,更能触动学生的内心世界,对学生的教育影响更深入。

(二) 榜样引领, 共同进步

班主任要讲好学生身边的劳动故事, 挖掘身边人平凡劳动背后的非凡故事, 以生动真实的劳动案例让学生真正理解 "劳动最光荣、劳动最崇高、劳动最伟大、劳动最美丽", 通过同伴效应, 让学生发现身边的劳动榜样、学习对象。

(三) 家校协作, 形成合力

重视家庭教育的地位, 推进家校合作, 同向育人。家庭是人生的第一所学校, 家长是孩子的第一任老师。班主任需要通过微信群、QQ 群、实地家访等方式密切与学生家长进行沟通交流, 建立良好的互动反馈机制, 时刻了解、掌握学生的成长动态。既可以及时应对学生在学习、成长过程中出现的不良势头, 防微杜渐, 未雨绸缪, 又可以加强家校双方的理解和合作, 凝聚教育合力。

(四) 丰富形式, 情感认同

班主任可以通过组织志愿服务活动、社团活动、专业实习等方式鼓励学生参加劳动。教育和引导学生带着知识出课堂、带着工具出宿舍、带着热情下网络, 开展以劳动教育为主题的各类主题教育活动, 在活动中学劳动、比效果、受激励。唤醒学生对于劳动的情感和价值认同, 不断坚定理想信念。

(五) 加大宣传, 营造氛围

班主任还应该做好班级文化氛围的营造, 利用班级网站、宣传栏、标语、新媒体平台进行宣传、教育、引导, 让校园文化、校园精神深入人心, 形成人人热爱劳动、人人热爱奉献的良好氛围。

(六) 综合评价, 重视劳动

转变以知识为中心的传统评价方式, 建立劳动档案和以劳动态度、劳动时间、公益服务、参与劳动的积极性等为主要内容的多项评价指标体系。评价指标体系要体现日常表现、自我满足、道德修养等特点, 激发学生对劳动的重视。

五、反思

班主任要将学生劳动教育作为一项长期、系统的工作去开展, 将劳动教育的开展上升到促进人的全面发展的高度去看待。开展好劳动教育,绝不是要求学生"动动手""干干活"这么简单,而是帮助学生更好地参与到认识世界和改造世界的过程当中,用劳动创造价值,用劳动积累财富,用劳动推动社会发展,用劳动实现个人自由而全面的发展。

学生屡教不改的问题

一、问题情景

一开学,我就发现班里的小张总是不交作业,任课老师批评了他几次之后,他竟然还振振有词地说:"老师,我觉得作业没有那么重要,如果做了作业成绩就变好了,那为什么还有那么多不及格的同学呢?"我和家长联系,家长也表示自己的孩子一直这样,他们也没办法。小张的成绩越来越差,人也变得更加"肆无忌惮"。

二、定性

这属于班主任职责中班级管理工作、思想教育工作和沟通协调工作的内容。

三、定因

(一) 主观因素

这一时期青少年有了一定的思考能力,他们的思维方式也开始由单一正向思维转向逆向思维、发散思维,试图通过与众不同的方式彰显独一无二的自我个性。同时他们的自治和自律能力相对较差,容易在行为上表现出逆反、叛逆。

(二) 客观因素

1. 教师作业布置形式单一或作业量过多,容易引起学生的超限效应。

2. 家长方面的原因:一是家长对孩子的教育管理不够重视,家庭教育能力缺失;二是家长的认知存在偏差,不够重视家庭教育的地位和职能。

四、定策

(一) 耐心沟通, 寻找切入点

班主任应该首先致力于构建民主、平等、和谐的师生关系。利用南风效应, 倾听学生的心声, 帮助学生找出犯错的原因, 对症下药, 和学生一起分析问题, 尽量站在学生的角度分析问题, 理解学生的想法, 耐心地引导, 用爱心去唤醒他们的自尊心、自信心和上进心, 以便学生能接受老师的批评教育, 从而改正自己的错误。

(二) 细心观察, 发现闪光点

班主任要仔细观察, 发现学生身上的闪光点, 利用期望效应提升学生自我效能感。同时要利用登门槛效应, 鼓励学生一点点地进步, 并对学生的进步和改变给予及时的肯定和表扬, 帮助学生树立改过的信心。

(三) 班风建设, 汇聚正能量

班主任要和学生一起构建和谐的班级文化, 创造一个积极向上、团结和谐、平等互助的班集体。利用榜样教育和同伴教育, 利用学生的从众心理, 让学生在向上、向善、向美的班集体中逐渐养成自律、自立、自强的行为习惯, 学会自我教育、自我管理。

(四) 家校携手, 形成合围势

班主任要营造教育氛围, 积极争取家长的配合, 和家长做好沟通工作, 改变家长不正确的教育惩戒观念。可以通过面谈、电话联系、家长会等形式与家长共同研究, 共商对策, 获得家长的理解与支持, 并给予家长必要的指导。帮助家长了解、掌握一些有效的教育方法, 帮助家长改进方式, 改善沟通, 改变态度, 形成对学生的协作教育, 为学生的健康成长打下良好的基础。

(五) 合理惩戒, 拉好警戒线

对于犯了原则性错误且屡教不改的学生, 教师应进行适当的惩罚。没有惩罚的教育不是真正的教育, 合理的惩罚可以让学生意识到犯了错就应该为自己的错误付出代价,尤其是对于屡教不改的学生,必要的教育惩戒可以给学生有效的约束。

学生盲目追星的问题

一、问题情景

小郭平日里内向寡言,但是用她自己的话来说,她喜欢追星,是国内某男团的"超级脑残粉",她的笔袋和课本封面贴满了偶像的头像。一天晚上,我突然接到小郭妈妈的电话,她说:"老师,这个孩子我是没法管了,整天不学习,把精力都花在追星上了,我今天一看孩子的抖音账号才发现她昨晚一直给明星的直播间刷礼物!"第二天,小郭没来上学,孩子爸爸告诉我:"她妈妈昨晚一气之下把小郭屋里的偶像海报全撕了,今天孩子死活也不上学了,谁的话也不听。"

二、定性

这是学生沉迷于追星的问题,属于班主任职责中思想教育工作和沟通协调工作的内容。

三、定因

(一) 内因

1. 自我同一性问题:埃里克森认为青少年寻找自我同一性的过程,其实是在自我否定期中追求理想自我的一种特殊形式。小郭对偶像的崇拜实际上是在进行自我投射。她自我价值感低,因此通过偶像寻找理想中的自我。

2. 归属与爱的需要:根据马斯洛的"需求层次理论","归属和爱"是当下学生最为迫切的需求之一。给明星"打赏"的行为在一定程度上满足了自己"付出"和"被需要"的双重需求。

（二）外因

1. 家庭层面：小郭的父母对孩子缺少关爱，不能给孩子提供足够的尊重和理解。这使得小郭心理上产生异化感和孤独感，表现为内向、自卑，对归属和爱有强烈的需求。

2. 社会层面：饭圈文化在一定程度上影响了青少年的价值观。

四、定策

（一）真心交流，"共情教育"理解学生

共情，是教育的基础。在得知了小郭的情况后，我就进行了家访。推开门，我看到小郭呆呆地坐在书桌前，一言不发。我拍了拍她的肩膀，温和地对她说："你应该很伤心吧，老师也有喜欢的明星，能够理解你的感受。而且我了解到你喜欢的偶像一直在磨炼提高演技，的确是个很努力的年轻人。"短短几句话说完，我看到小郭原本暗淡的眼睛突然亮了，我继续以朋友的身份与她对话交流，认真地倾听她的每句话，我从她的讲述中也明白了她真正的需求。与学生站在"同一战线"上的举动，拉近了我和小郭的心理距离，我已经和小郭架起了"连心桥"。

（二）用心欣赏，"多元评价"肯定学生

积极心理学认为，增强受教育者的积极情感体验，有助于帮助他们形成自尊自信、乐观积极的优秀品格。通过聊天，我得知小郭追星最根本的原因是她的自我价值感低。为了帮助小郭走出自卑，我运用多元智能理论和优点发现法对小郭进行辅导，努力发掘她的优点和潜质，并为她提供了展示自我的机会——鼓励擅长视频编辑的她加入学校宣传社，很快她就成了社里的骨干。我也帮助小郭找到了生活中的"新舞台"。

与此同时，我和她一起建立阶段性的学习规划，帮助她明确目标，并表示愿意做规划的"协助员"和"监督员"。在每完成一个目标后都对她进行鼓励，并在班里公开表扬。一次次成功的体验让她增强了自我认同感，她也将生活重心由追星转移到自我提升上，多元评价使她拥有更客观的自我认知、正向的价

值观和积极的人生态度,小郭的人生有了"新追求"。

(三) 精心引导,"多方联动"感化学生

要想真正让小郭走出自卑、融入集体,转移对偶像的不理智迷恋,还需要调动多方力量。我和小郭身边的同学打了招呼,让他们主动关心帮助小郭,集体活动时鼓励小郭参与其中,满足她的群体归属感;通过平行教育,精心设计主题班会,鼓励学生积极发现班级里的"明星",弘扬正能量;同时引导他们将学习的榜样由偶像明星转向真正对社会做出积极贡献的人;我还和小郭的父母进行了多次深入的沟通,引导他们改变教育方式,给予小郭更多的关心。在之后和小郭谈话中,我也耐心地引导她,鼓励她关注偶像身上的榜样力量,看到他们对自身业务能力的高度要求,利用明星效应促进学生成长。朋辈互助、家校联动、正向引导让小郭感受到了周围人的关爱,身上有了正能量。

学生缺乏自信的问题

一、问题情景

小李从小就是一个沉默寡言的孩子。上初中时,成绩平平,几乎没有老师关注她,班级活动能不参加就不参加,从来没有在大家面前大声说过一句话,总是静静地待在角落里过着自己的生活。父母一直认为她是一个学东西慢、有点呆板的孩子,对她的关心较少,教育方式也以指责为主,但是她却以班级第一名的成绩进入了职校。

二、定性

这是学生长期不受关注,缺少正向肯定和鼓励,没有展示自我机会,导致的自我定位低、缺乏自信的问题,属于班主任职责中学生思想教育工作、班级管理工作、沟通协调工作的内容。

三、定因

(一) 外因

1. 家庭因素:父母对孩子成长的忽视和缺少正确评价和鼓励,原生家庭教育乏力。

2. 社会因素:初中教育只注重成绩,不注重学生的全面发展。

(二) 内因

1. 性格内向,自我定位不清晰,进取心不足,缺乏明确的生活目标和学习目标。

2. 不愿意尝试挑战,安于现状,自卑心理严重,认为自己是个"失败者"。

四、定策

(一) 赏识激励,引导积极自我暗示

每个学生都有自己的优点和不足,班主任要善于发现学生的闪光点,尤其是发现学生学习以外的能力,及时鼓励、表扬、肯定每一个进步,帮助学生发现自身的优点。小李的优点是办事踏实、执行力强,我就顺势引导,让她担任班级的学习委员,将英语晨读放权于她,每当晨读有新亮点,我就表扬她,让"我也行! 我能行!"的思想在小李的心中扎根,并形成燎原之势,逐渐迁移到其他方面自信心的增加。

(二) 搭建舞台,突出肯定一技之长

学生的自信受成功率的制约,自信程度与成功率成正比。成功次数越多,自信程度越高;成功次数越少,自信程度越低。班主任要注意学生的独有特长和能力,因势利导,由学生的长处入手,不断强化,让学生体会到成功的快乐,进而逐步帮助学生克服自卑心理,重拾自信心。小李从小没有体会到成功的喜悦,加之长期在家长的否定中度过,缺少正向肯定。所以我先从她最擅长的演讲开始,班级组织演讲比赛,给她一个"跳一下就能摸得着的苹果",让她浅尝成就感,进而鼓励小李积极参加校级、市级的各类比赛,为其创造展示自我的机会,让她在提升技能的同时,体验成就感,重拾自尊心和自信心。

（三）树立榜样，创设提升自信环境

借着国家对职业教育日益重视的东风，通过班会和主题活动，帮助学生感受新时代职业教育的好形势，使学生意识到中职学生的社会地位正在逐步提升，让学生焕发职业自豪感，提升自信心。同时充分利用校本资源，通过优秀毕业生案例引导和经验分享，使小李认识到职校生也可以有如此成就。为唤醒小李的自信心和兴趣，我建立多元评价机制，比如将考勤、课堂表现、作业质量等都作为评价单元，不比聪明比努力，不必基础比进步，逐步提升小李的自信心。

（四）家校协作，共建自信关护网络

让学生树立乐观向上的自信心，应该从学校、社会和家庭三个方面形成教育合力。中职学生往往不是遵循自己的感受来判断自己"行"与"不行"，而多是依赖于同伴、老师或家长的评价，所以家长的评价和看法也是至关重要的。对于小李，我每周都会通过电话或者微信与家长沟通，及时了解她在家里的点滴进步，并和家长沟通引导孩子树立自信的方法，做到家校协作，齐抓共管。

五、反思

教育不仅仅是传授知识和能力，教育更应该让每一个学生能自信地面对未来。立德树人，是育人之本。面对学生缺乏自信的问题，班主任要依据学生的个性和心理品质，正确引导和鼓励，做到因材施教，让学生对自己、对生活、对学习、对未来充满自信，为今后生活和工作的成功打下良好的基础。

学生早恋的问题

一、问题情景

小彤是个地道的青岛女孩，她有着高挑的身材、白皙的皮肤、灵动的大眼睛，这让她的身边一直不乏追求她的男生。本以为她会高傲地拒绝，没想到她几乎是"来者不拒"，短短一年多的时间里，男友走马灯般换了一个又一个。春

节期间,小彤爸爸紧急联系班主任,说小彤已经有三天没回家了,可能跟校外男友在一起。

二、定性

这是学生进入青春期后,因家庭关系、自身逆反或者学业问题没有处理好而导致的早恋问题,属于班主任职责中学生思想教育工作、沟通协调工作、组织班级活动工作的内容。

三、定因

(一) 外因

1. 家庭因素:父母感情不和,处于分居状态,双方无暇关爱孩子。

2. 社会因素:性教育的缺失和社会中某些不良刺激。

(二) 内因

1. 性早熟,对异性本能的好感。

2. 缺爱,缺关注,缺安全感,将期待放在异性身上,希望得到爱、理解和陪伴。

3. 学习力不足,对学习力不从心甚至是失望和抵触,精力从学习上转移到男女关系上或者同伴关系上。

四、定策

(一) 普及青春期教育,顺利度过花季雨季

青少年从青春期开始,下丘脑垂体性腺系统会分泌各种激素,性器官迅速发育成熟,开始出现第二性征,此时青少年在生理上会产生急剧的变化。青少年对异性更加向往,同时,青少年的心理发育还不成熟,自我控制能力较差,很容易因一时冲动而陷入早恋。班主任可以通过一系列的主题班会将青春期教育普及给学生,让学生认识到自己对异性的好感是很正常的心理,让学生懂得如何安全顺利度过自己的青春期。

（二）开展平行教育，高效融化心理坚冰

发动集体的力量来关注小彤，紧急启动班级学习互助小组、生活互助小组和心理互助小组，向小彤进行倾斜和帮助。帮她补习功课，生活中给予一定的照顾，进行适当的心理谈话和陪伴，鼓励她将自己内心的不良情绪发泄出来。班主任要时刻关注学生，给学生适当的情感指导，运用南风效应，融化学生心理的坚冰，联系任课老师共同关注学生的学习，帮助学生树立够得着的学习目标，进行阶段性的表扬和鼓励。

（三）注意因势利导，全方位提高自信

鼓励学生积极参加学校社团活动，并在活动中根据小彤的特点"委以重任"，增加她发挥特长、发光发彩的机会，并及时给予关注、肯定和表扬，让她既充实又快乐，人也变得越来越自信，越来越开朗，同性朋友增多，跟同学和老师的关系也越来越融洽。

（四）加强家校沟通，形成教育合力

班主任还要定期与小彤的家长进行沟通，及时反馈小彤的在校情况和小彤的心理变化，提醒小彤父母以一种更加理智、更富有智慧的方式处理家庭关系，给孩子足够的爱、关注和陪伴。通过家访、微信、腾讯直播、钉钉直播等形式，让家长参与班级主题班会和其他活动，家长感受到了学校对孩子的关注，便能真诚地与学校合作，形成教育合力。

五、反思

面对学生早恋情感，班主任不能一刀切，简单粗暴地给处分。每种行为背后都有原因，要抽茧剥丝，找到源头。运用集体的力量和智慧，可以让更多的"问题"孩子找到原本就拥有的"向上力"，让他们生活得更加出彩。

学生职业迷茫的问题

一、问题情景

小张由于中考失利进入职业学校学习。但她父母和她本人一直对中职不认可,她自己对专业学习并没有兴趣。中考的失利,让她觉得自己做什么都不行,父母也总是数落她,于是她更加自暴自弃了,成绩甚至滑到了班里后几名,她对未来愈加迷茫了,不知道毕了业还能干什么。

二、定性

这是学生因为学习动力不足、缺乏职业生涯规划从而产生的职业迷茫的问题,属于班主任职责中学生思想工作、沟通协调工作、职业指导工作的内容。

三、定因

(一) 外因

1. 家庭因素:父母教育观念单一滞后。
2. 社会因素:部分社会成员对职业教育持有偏见。

(二) 内因

1. 缺乏生涯规划,没有规划好自己的未来。
2. 自我效能感低,对自己没有准确的认知,缺乏自信心。

四、定策

(一) 积极心理疏导, 帮助树立正确的人生观

习近平总书记在全国职业教育大会中指出,职业教育前途广阔、大有可为。作为班主任我可以以此作为切入点,告诉学生通过职业教育同样可以拥有

出彩人生,运用"自己人效应",和学生坦诚交流,帮助学生树立正确的成长观、成才观。同时通过主题班会、班级活动、志愿者服务等潜移默化、润物细无声的方式让学生感受到自己的价值,将正确的人生观植根于他们的心灵深处。

(二) 规划职业生涯,激发学生的学习积极性

帮助小张制定科学合理的职业生涯规划,激发她的学习兴趣,通过青春导师进课堂活动让学生了解到榜样就在身边,职业人生同样出彩;通过带领学生去企业参观实践,让学生了解、认同自己将来所从事的职业,明确自我职业发展的价值感。通过一系列与职业相关的直观式、体验式的活动,使小张由厌学变为愿学,再由愿学变为乐学。

(三) 搭建展示平台,提升学生的自我效能感

通过组织多种多样的活动,鼓励小张积极参加,在活动中增强成功体验,并利用皮格马利翁效应和赏识教育,发现小张身上的闪光点,帮助小张破除自卑心理,提升自我效能感,满足她内心自我实现的需求。在班级营造人人皆可成才、人人尽展其才的良好环境,为学生实现人生出彩搭建舞台。

(四) 加强家校沟通,筑牢家校生命共同体

作为班主任,我还要定期与小张的家长进行沟通,及时反馈小张的进步,并通过召开家长会、邀请家庭教育专家讲座、家长沙龙等形式,让家长了解如何建立良好的亲子关系,如何矫正孩子的偏差行为,以及职业教育的前途发展,等等。建立起家庭、学校、教师多方位的辅助体系,打造家校生命共同体。

五、反思

面对学生职业迷茫问题,班主任既要帮助学生找准路标,又要持续给油,在关键时刻还要提醒学生,精细把控,主动关心学生的心理,了解学生的想法,做好学生的引路人。

第四篇

用爱书写教育生涯的感动瞬间

改变，从看法开始

记得曾经读过这样一段话："一个好教师意味着什么？首先意味着他热爱孩子，感到跟孩子交往是一种乐趣，相信每个孩子都能成为一个好人，善于跟他们交朋友，关心孩子的快乐和悲伤，了解孩子的心灵，时刻都不忘记自己也曾是个孩子。"

作为一名职业学校的班主任，对于这段话我非常认同。在工作中只有发自内心地去关心每一个学生，我们才能在无处不在的教育契机中用真心达到触动学生真心的境界。还记得 2011 年，我新接的国际商务专业高一班级，男孩子多，违反纪律的现象层出不穷，刚开学就让我头疼不已。

其中一个男孩表现尤为"突出"。他经常迟到、不穿校服、上课与老师顶嘴、和外班同学喝酒打牌、谈恋爱，再加上与同学相处时的小摩擦，很快就使他在班里变成了"孤家寡人"。我一次次找他谈话，但收效甚微，他总觉得自己错少，周围人的错多。我们之间的谈话，有和谐的娓娓而谈，有论理的激烈争执，还有我暴怒的指责，也有他委屈的眼泪。一次次认错之后的再犯错，让我既生气又无奈，但我也在和他多次的"交锋"中，观察他的性格特征，了解他的想法。我一直在思考，对于这样的他，我应该用什么方法来触动他？在一次次的"过招"

中,我看到了他向往变好,向往良好的人际关系,向往被接纳、被肯定的那颗年少的心。既然他有心改变,我便尝试着发现他的优点,改变我的谈话策略,有时候我甚至会从他的角度出发,替他考虑,替他着想。后来他犯错误,我只是在情在理给他指出,同时请求任课老师不要给他贴上"差生"的标签,而是更宽容、更大度地给他更多的时间和空间。在班里,我要求同学和他多聊天、多沟通,我也增加了和他谈话的次数,每次谈话的内容也许仍是老套的说教,但气氛却和谐了许多。我的态度和谈话方式的改变,让我和他的相处越来越轻松。不再仅仅是学生犯错之后老师的怒火与责备,也不再仅仅是一味地要求他认错。我开始注重倾听,倾听他的想法。我也常站在他的角度替他考虑,替他找"理由"。后来,我俩就不再是简单的批评与接受,而变成了双向的交流与沟通。他感受到了我的尊重与真心,就逐渐改变了"老师就是找碴"的想法,开始从自身出发,思考自己的问题。

于是我就开始了我的第二步行动,就具体的事情帮他出谋划策,比如如何更好地与舍友们相处,跟任课老师顶嘴了如何道歉更真诚,等等。他试了几次,发现我的办法很有效,便更能听进去我的建议了。渐渐地,他能够主动道歉了,也学会考虑别人的感受了,他和同学的关系也比以前好了很多。虽然他依旧犯错,但是犯错的次数越来越少了,犯了错也会主动承认错误了。

这都是他的改变和进步。我不由地想:很多时候我们真的是低估了这些孩子的心智和自我成长的能力,也不由地庆幸,自己的方式没错,最终能达到帮助这孩子成长的目的。反思自己,如果一味地只看到孩子的种种问题,为了班级的管理要求他只是改错,不断地积蓄双方的矛盾,绝望之下的孩子又怎会进步?怎会自己主动成长?作为职高班主任的我们,细心地考虑孩子的真心、孩子的想法,像孩子父母一样对孩子的错误再多一些宽容,是多么重要!

加油吧,你正在变成价值不菲的沉香

职业学校里,从来就不缺厌学的孩子,佳琪就是其中一个,她的理由很简单：不喜欢美术设计专业,画来画去的,将来有什么用啊？她用行动表达着对美术专业课的排斥,每逢专业课,不是请病假就是趴在画板上发呆,更别提按时交作业了。

那时正是班级开展职业规划的时段,我借机举办了"遇见十年后的自己"主题沙龙活动。我从美术专业的魅力,讲到了陈晓、杨幂都学过美术,讲到了冯小刚、倪萍、张庭是特别专业的美术人才,同学们反应很强烈,不断地发出惊叹声,坐在角落的佳琪也直起了腰,圆圆的大眼睛注视着我。我紧接着又播放了优秀毕业生的设计作品来感染大家,同学们都全神贯注,带着一些兴奋和喜悦地盯着屏幕,而这一节课的佳琪,脸微微泛红,一个手掌稳稳撑住了下巴,嘴角露出了一丝微笑。

沙龙结束后,我单独找了佳琪,告诉她我知道她的美术功底为零,我问她有三年的学习时间,愿不愿意试一试。我还承诺她,如果试完了还不行,我会想办法找校长帮她调专业。在说这些话的时候,我是有自信的,因为我早已悄悄对佳琪摸了底,她对于日常色彩和审美有着独到的见解。只是因为零基础,让她有了压力,失去了信心。这些话是帮助她树立专业自信的第一步！

她明显有变化了,请假的次数少了很多。可是有一天,当我去画室的时候,发现她竟然借口出去上厕所一直没回来。我最终在操场上找到了她,她沮丧地告诉我,她不会画,画得很慢很难看,她觉得自己根本就不是学这个的料。她圆圆的大眼睛里蒙上了一层泪水,拳头紧紧握着,像是在责怪自己。在操场边,看着这个因寒冷和被专业课打击而浑身颤抖的孩子,我有着说不出的心疼。我一定要帮助她！

我想起了前不久刚看过的一篇文章：沉香长于沉香树,当沉香树遭受雷劈、虫咬和人工砍伐出现创伤后,自身会分泌树脂来愈合伤口,期间,创口部位会因一种叫黄绿墨耳真菌的微生物入侵而感染,这种微生物和沉香树的分泌物混合在一起,慢慢地就会形成沉香。此时的佳琪多么像这颗遭遇砍伐的沉香树啊,我为什么就不能做这种叫黄绿墨耳的真菌来感染她呢？

想到这里,我拉起了她,找到了专业老师,诚恳地向老师求助,恳请老师平时多关注、多指点这个孩子。非常感谢我们的美术老师,因为他在接下来的日子里,对佳琪很用心。而佳琪的专业课成绩也在迅速提高着。

校艺术节要征集画作了,班上的几个绘画达人纷纷交上了作品,让我惊喜的是,佳琪一下子交了两张。当同学们一边看画一边向她投去赞赏的目光时,她圆圆的大眼睛眯成了一条缝,脸上洋溢着自信的笑容。

沉香树在受创的过程中,不断被微生物感染,最终才能形成价值不菲的沉香!

加油吧,坚持住,你也正在变成价值不菲的沉香!

家校联手,步入"微时代"

班里的孩子来自本市的不同区域,家长给孩子配备一部手机已经是再平常不过的事情了。闲来无事,学生们都爱关注热门明星博客、刷刷朋友圈、点赞积人气、建个群聊聊天。个别学生对网络新事物的接受特别快,不过有时也会忘乎所以深陷其中,或是因此产生一些矛盾摩擦,家长们亦是烦恼不断。

周一中午,几个女生焦急地来办公室说小王和小叶要打起来了,小王还说要来找我们麻烦。探问究竟才知道事情发生在周末。周日傍晚,学生自建的微信群里收到了一条转发的诅咒,要求看到消息的人必须转发十个群,否则三天内就会倒霉。顿时,群里像炸开了锅,你一言,我一语,骂声不断。群主小王万万没想到转发了一条"保命"的消息竟掀起了轩然大波,满心委屈的他全然不觉得自己有错,以一敌十地在群里打响了口水战。望着手机屏幕上不断闪现咒骂和讽刺,还有小叶发的侮辱的话,小王一气之下找到小叶和另外几个女生,事情就这样愈演愈烈。

当天,我把双方叫到办公室,在办公室里他们仍各执一词。群主小王委屈又气愤地说:"群是我建的,发几条消息怎么了,不满意你们可以退群啊!"而小叶和其他几个女生也满肚子委屈,完全没有意识到自己也有过错。我想孩子们都在气头上,即使叫家长来也只是将手机没收,并不会达到教育孩子的效果,于是我要求他们停止谩骂,并承诺班会课上会给出解决办法。

　　在那周的班会课上，我安排事件双方换位重演当时的情景，想通过学生间的平行教育和换位思考促使双方反思自己的行为，认识到自身的错误。当情景重演到小王收到来自好朋友的"诅咒"消息时，他本该破口大骂，但他迟疑了，久久的沉默后竟是一句："对不起，我也不想这样。"情景剧中断了，而学生心头的愤慨和矛盾却解开了。小王体会到"己所不欲勿施于人"的道理，理解了大家受到身边好朋友诅咒时的伤心与愤怒，也向大家袒露了心声，表达了收到"诅咒"消息时的无奈与无措。全班学生通过头脑风暴帮小王想出了许多好办法：心理素质强的可直接无视或拉黑消息传送者，可以举报消息的发布者，给收到"诅咒"的好朋友一个安慰的抱抱（表情），等等。班会课上，学生们体谅、互助的温暖驱散了"诅咒"带来的阴霾。

　　这场口水战算是平息了，然而"学生的微信群该不该建"又成了家长们头疼的焦点。互联网的世界充斥着各种新奇的诱惑和难辨真假的信息，如果没有明辨是非的能力往往很容易误入歧途，对学习与生活造成严重影响。从许多家长的微信互动中得知：家长与孩子间矛盾的导火索往往就源于一台手机。如：孩子以查单词为由刷朋友圈玩游戏，浪费大量时间，弄得家长左右为难；孩子沉迷于手机游戏，成为低头族后亲子关系疏远；手机被家长没收后孩子整日魂不守舍，情绪低落或是在家大发雷霆等。

　　所以，不是注册一个微博或是加入一个微信群就意味着顺利过渡到了"微时代"，要使孩子们真正享受便捷、高效的互联网所带来的好处，还需要教师与家长的合理引导。在今年十月学校计划资助春蕾女童期间，我班学生在得知女童们需要书后，便通过微信建群发起了阳光捐助活动，每天都有学生和家长在群聊中晒图或是讨论捐什么书更有意义。小王作为群主，每两天就会在群中更新最新的班级捐书情况。仅仅一周时间，我班学生与家长就筹集了二十三公斤的图书捐给春蕾女童。六天后，我们便收到三里河街道志愿者在微信上回复的照片。而更令人欣喜的是，通过这次微信捐助活动，学生和家长们在微信群中因共同的目标而一起携手，用自己的行动证明了"微时代"并不意味着人与人的疏远与陌生化，它亦能承载起满心的温暖与正能量，微信平台也逐渐成为学生校园生活的延伸与成长的乐土。

如今,"微时代"已然到来。虽然互联网各平台良莠不齐,但我们也不可因噎废食。与其武断地禁止孩子使用微博、微信等平台,甚至没收孩子的手机,不如有目的地合理引导孩子摆正心态,在感受"微时代"便捷高效、开放透明和民主自律等特点的同时,不断提升自身的"微素养",传递满满的正能量。

教育,爱的唤醒

如果把学生比作早晨的太阳,那么潜能生应该是被乌云暂时遮住的朝阳。比起其他学生,他们更需要班主任的细心呵护和关怀体贴。尺有所短,寸有所长,每个人都有优点和缺点,当你与潜能生接触较多时,便会发现他们身上也有许多闪光点。班主任要善于发现学生的长处,发掘其身上的潜能,不吝惜"好话",充分肯定,这样才能够使潜能生找回自我,获取战胜困难的勇气和信心。

班上有个男孩叫小帅,他进班的那一瞬间,我便感觉到我的对手来了。这个孩子身材魁梧,留着时髦的"西瓜太郎头",脚踩人字拖,走路晃膀子,俨然一副大哥样,当时我就下定决心要好好"看着"他。后来转念一想,他一定对老师的批评有"免疫力",且对老师有抵触心理,所以我必须动动脑筋,做做功课,深入地了解一下他的行为、习惯、爱好、家庭背景以及造成目前状态的原因,再采取行之有效的对策。

随着开学后我与他交往的深入,他经常上学迟到、上课睡觉、作业不交、出头惹事、厕所吸烟,几乎每天大事不犯,小事不断。我做班主任有一个原则,学生的问题尚在我控制范围之内的,我一定不找家长解决。所以,不论小帅怎样"挑衅"他自以为的我的底线,我都没有通知家长。小帅虽然调皮捣蛋,但是我发现他情商很高,每次犯事后,没等你开口,他就笑嘻嘻地服软,各种道歉,从来不顶撞老师,每次我的火冒三丈都会被他这种软磨硬泡的高情商泄掉。毕业后他问过我:"郭老师,我想问问你,当时高一的时候我找那么多事,你为什么不找我爸呢?""找你爸干什么?找他你就能改吗?"他的头像拨浪鼓似的摇着,说:"我爸管不了我,初中时那些事情我也经常干,老师一找我爸,我干得更带劲！郭老师，我就服你！说实话，上高中前，没有一个老师不找我爸，没有一个老师去我家家访过，只有你……"说到这里他眼圈有点红，低下了头，这是我第一次看到小帅"软弱"的一面。有人说，对待潜能生，要小心得像对待一朵玫瑰花上颤动欲坠的露珠。这句话也许夸张了些，但从小帅身上我深深感受到了他潜能生的脆弱和可塑性。

　　说到家访，我是利用寒假去了小帅家。进门的一瞬间，我傻眼了，好大的一大家子，好小的一个空间。原来小帅的父母早就离婚了，小帅和爸爸一直与爷爷奶奶、姑姑一家一起生活，爸爸常年忙工作，顾不上小帅，从小缺少父母的关心和爱护，只有老人无原则的溺爱，逐步也就养成了他这种散漫、无拘无束的生活习惯，这次家访对于我和小帅来说都是刻骨铭心的。寒假开学后，我针对小帅的情况，对症下药。早上六点开始打电话叫早，一般持续次数至少五次；到校后安排小帅的同桌监督其听讲；放学前由学习委员检查作业记录情况……慢慢地小帅似乎有了一些改变。他每天尽量不迟到、尽量把作业"写"完、尽量上课强打精神……看到他的些许转变，我就抓住机会在全班面前表扬他。这对于老师是举手之劳，对于那些一直受冷落的潜能生来说，却是一次又一次心灵的震撼。逐渐地，小帅的小毛病几乎被"治愈"了。当然，偶尔也会反复，但是间隔时间越来越长，每一次"犯病"，几乎不需要我说话，他就已经愧疚难当了。我知道小帅的转化是一个反复的长期教育过程，不可能一蹴而就。李镇西在《爱心与教育》一书中说过，潜能生的教育是一个充满反复的长期过程。教育者期望通过一次谈心、家访、班会，便使潜能生成为一名优秀生，无疑是把教育想得太简单了。犯错—认错—改错—又犯错—又认错……这是潜能生普遍存在的循环。教育者应容忍学生的一次次"旧病复发"，又继续充满热情和信心地鼓励学生一次次战胜自己，引导学生看到自己的点滴进步，体验进步的快乐，进而增强继续进步的信心。

　　在后来接触中，我发现小帅特别喜欢踢足球、打篮球，每天午休都要去操场活动，抓住这一点，我推荐他加入校队；另外，我还利用他喜欢当大哥的心态，委任他为班级体委，从此以后，班里和他有关、和体育有关的事情都井然有序了。在我的"恩威并施"下，小帅变得自律了。所以，班主任不仅要能发现潜能生身上的闪光点，还要学会欣赏他们的闪光点，并不断地给他们机会和鼓励，让他们得到自我表现的机会，以获得成功的欢乐，体验胜利的欣慰，消除自卑感，增强自信心。因为培养自尊心，是转化潜能生迈出的第一步。

教育是让孩子成为最好的自己。事实上，许多潜能生智商并不低，甚至可以说是十分聪明，只是他们的地位在班级乃至整个学校属于较低层次，在众多的场合下，没有"出头之日"，许多潜在的才能得不到发挥，得不到表现。作为班主任必须独具慧眼，用心观察潜能生的兴趣、爱好、特长和心态，多方位、多渠道地创造机会，给他们"表现"的机会，使其自身潜能得到充分发挥，获得成就感。

有位教育家曾经说过，教育本身就意味着一棵树摇动另一棵树，一朵云推动另一朵云，一个灵魂唤醒另一个灵魂。教育是爱，教育是心灵沟通。对潜能生的爱，不应是为了追求某种教育效果而故作姿态的"平易近人"，而是教育者真诚情怀的自然流露。一定要让学生看到老师的爱是无私的，是真诚的，然后再用爱去感化、"改造"他们。虽然我们的学生或多或少的会出现一些问题行为，但是我们一定要对他们有所期待，相信他们会被唤醒，相信我们和学生会一起成长，一起遇到更好的自己。

教育，爱的呼唤

"那片笑声让我想起，
我的那些花儿，
在我生命每个角落，
静静为我开着，
我曾以为我会永远，
守在她身旁，
……"

又是一年毕业季，舞台上一个留着利落短发，满脸笑容的姑娘在动情地唱着,望着她那灿烂的笑容,我的思绪回到了 2018 年那个秋天。

一层秋雨一层凉,记得那天刚下过雨,校园里到处都是湿漉漉的,我坐在办公室窗前,批阅着以"爱"为主题的作文,一个姑娘的文章引起了我的注意。她的作文里这样写道:"在这个世界上,我是多余的。自从有了妹妹,您和妈妈把所有的目光都集中到了她的身上,我一点点的错误都得不到原谅,您竟然因为一次顶嘴就狠狠地甩了我一耳光,这记耳光不是甩在我的脸上,而是钉在了我的心里……"

合上作文本,我将作文里这个充满忧愁的姑娘,和平时在班里温和柔顺的脸庞联系了起来。她,是一个不太引人注目的孩子,上课偶尔会发呆,下课也总是一个人待着,没想到她的心里装着这样的故事,我决定找机会跟她聊聊。

结果,当天晚上 12 点半,宿管老师就给我来了电话,说这个姑娘一个人坐在洗手间默默地掉眼泪,谁劝也不听。我立刻驱车赶往学校,雨又下了起来,我的心也潮湿了。

待我赶到,她已经停止哭泣,只是呆呆地坐着,当她看到我,红肿的眼睛闪出一丝光亮,但转瞬即逝,淡淡地对我说:"老师,对不起,我失眠,睡不着。"看着她那湿润的脸颊,我什么都没跟她谈,只是拉着她的手,陪她坐到天亮。

这几个小时里,我脑海中始终盘旋着这样几个问题:她流泪到深夜,是不是真如她作文里所写的那样,心里有一颗拔不出的铁钉?又或者说是进入到新集体,与同学相处出现了问题?她是心理较常人更加敏感还是真的有无法想通的事情?她的失眠是偶发的,还是长期的?我该怎样帮助她?

苦苦思索时,苏霍姆林斯基的"没有爱就没有教育"这句话在我的脑海中涌现,我决定,在实施教育之前,先用"爱"开道。她失眠,我给她买来眼罩,帮她寻医问药;她流泪,我不问原因,只是默默陪伴。我的关心打开了她的心扉,她开始向我倾诉她的苦闷。正如我猜测的那样,她的苦痛与家庭有关。

她是家中的老大,妹妹出生以后,父母因为精力有限就把她送到姥姥家,由姥姥照顾她的饮食起居多年,直到初中才被父母接回。对于妹妹来说,她似乎是一个入侵者,妹妹对她充满敌意,总是与她作对,每当与妹妹发生冲突,父母总是站在妹妹的一方对她进行指责,而她的性格又比较内向,不喜欢争辩,这些年她承受了许多说不出的委屈，除了委屈，还有一种不被需要、不被重视的伤心。在家里的她逐渐沉默，在学校里却越来越叛逆。一次与老师因误会发生争吵后，父亲和母亲一味地指责使她多年的委屈和被忽略的伤心突然爆发，在车上大吼大叫，父亲在震惊之余，狠狠地甩了她一个耳光，她立刻沉默，从此，她与父母便产生了更深的隔阂。

家庭教育是一切教育的基础，父母是孩子的第一任老师。我叹息，太多的父母并不懂得这个道理，这个姑娘小的时候就被送到了姥姥家，她没有得到良好的家庭教育，她的父母也没有机会做好孩子的第一任老师。思考良久，我决定进行家访，与她的父母深谈一次。

从他们一个半小时的讲述中，我感受到他们爱之深，责之切的心情，也体会到了他们不懂得与孩子进行沟通的无奈。我对孩子的父母说，好的关系胜过一切，当我们善于与孩子相处时，孩子才会做我们的朋友，才会向我们敞开心扉。只要孩子把内心的真实想法说出来，就没有解决不了的问题，要与孩子建立好的关系，首先要学会与孩子沟通。在不方便语言沟通的时候，把自己想说的写下来，可能会取得更好的效果。然后再利用赞美，缩短心理距离。每个孩子都希望得到父母的赞扬，多去发现孩子的优点和长处，及时表扬。另外，多给孩子鼓励，给她战胜困难的勇气，让她感觉你们始终和她站在一起，是她坚强的后盾。

在家访的最后，我帮家长简单梳理了解决问题的几个步骤。一要敢于向孩子认错。承认在她儿时把她送到姥姥家是个错误，产生矛盾时使用暴力和责骂是个错误，与妹妹发生不愉快时父母不加分辨加以指责也是错误。二是要勇于表达对孩子的爱。告诉孩子，虽然没把她留在身边，但是关怀和关心从未减少，当学业出现问题时，父母的着急和焦虑从未减少，当妹妹长大立刻接她到身边，一家人不再分开更是爱的体现。最后，就是拥抱，拥抱可以让彼此的沟通更加顺畅，增强彼此爱意的流动。

具体交流过程我不太了解，孩子的状态却有着显而易见的改善，她不再失眠，脸上的笑容也多了，上课的状态明显积极了。后来孩子母亲告诉我，当她和孩子的父亲承认错误的时候，他们三人抱头痛哭，孩子把所有的委屈都哭了出来,不停地喊着"你们为什么不爱我"。母亲就陪着她哭,父亲就为她擦眼泪。当孩子把所有的压抑发泄完之后,三个人一起去菜市场买菜烧饭,一家人其乐融融地吃了顿晚饭。后来,孩子每次回家,都会跟母亲睡一张床,搂着母亲的胳膊,就像小时候一样,与母亲交流到很晚,母女关系越来越近。

当青春期的他们遇到了更年期的父母,必将是天雷碰地火般的激烈,但如果父母用对方法,可能会把激烈软化为柔情。可是很多父母并不懂得如何去关爱青春期的他们,这需要我们教师进行引导。青春期孩子的家庭教育,需要在了解孩子心理特点的基础上,以理解为前提,以尊重为原则,以鼓舞为方式,创设一个良好的家庭氛围,才能进入孩子的内心世界,陪伴他们平稳地度过青春期。通过家长学校和定期的家访,我帮助家长了解青春期孩子的心理和生理特点,让他们对孩子多一分理解和支持;通过班会与日常交流,我也让学生们理解父母的初心与不易,让孩子们对父母多一分尊重与爱戴。

记得一位教育家曾经说过,教育就是唤醒。在这个案例中,我唤醒了父母那沉睡的爱意,父母通过自己的言行唤醒了孩子的心灵。当孩子的心灵被唤醒,她就会心甘情愿接受老师和父母的教育,实现我们育人的目的。

让我们做那棵摇动整片森林的树,做那朵改变天空的云,做一个唤醒灵魂的工程师。

联合讲师团,理想照耀前方

理想是人生的罗盘与灯塔,指引着前进的方向;职业理想是人们对未来职业的向往和追求。在中职阶段,帮助学生树立正确的职业理想十分重要。但怎样帮助学生将个人的职业理想与祖国前途、民族命运、人民利益联系在一起呢? 我一路前行,一路摸索。

在新生入校摸底填写的表格中,家长们丰富的职场经历让我眼前一亮,这不正是理想信念教育中的源头活水吗? 虽然家长们从事的行业不尽相同,但立足岗位、奉献社会的职业理想是相通的,他们的经验不正是学生成长成才和终身发展最好的铺垫吗？于是我萌生了成立"家长讲师团"的念头。抱着试试看的想法，我在班级家长微信群中招募首批志愿者。现实并不如愿，并没有家长主动报名参加。通过电话沟通我了解到，原来家长担心自己讲不好会给孩子丢脸。原来如此，我马上行动起来，联系了宣讲经验丰富的社区红色讲师团成员、百年灯塔守护者、全国劳动模范、原青岛航标处团岛灯塔灯塔长王炳交。在王师傅的指导鼓励下，家长们课前精心磨课，为孩子们准备这场社会、教师、家长共同参与的班会活动。

活动伊始，百年灯塔守护者王炳交讲述了建设好、守护好中国共产党人的精神家园故事，积极践行为中国人民谋幸福、为中华民族谋复兴这一初心和使命。首先，王炳交为大家介绍团岛灯塔的发展历史、工作原理和养护知识，并结合自己42年守护灯塔的亲身经历向师生展示祖国灯塔的百年变迁与一名基层党员的职业坚守和工匠精神。他说："大家是新时代的中职生，在信息技术如此发达的今天，更要结合专业多搞发明创造与技术革新，为祖国贡献自己的智慧！"

老模范王炳交用扎根海岛几十年、创新技术航标灯的当代活雷锋精神给学生以强烈的震撼。

在开始班级讨论的时候，一个声音不合时宜地传了过来："我是学护理的，守灯塔和我有什么关系？"同学们听见了，不约而同地将目光转向了我。

我连忙说："大家不着急，很快就有答案。"互动讨论阶段，王师傅分享了自己从小立志保卫国家，长大后努力自学，研制国家专利，为梦想而奋斗拼搏的过程。

接下来，大家听到了更多的故事：从事模具设计的小张爸爸致力于改进技术，节约有限的社会资源；从事消防员工作的小勇爸爸是社区安全志愿者，已经做社区安全志愿者15年了，保一方百姓的平安就是他的职业理想。在我的引导下，大家逐渐意识到，王师傅和家长们虽然行业不相同，但他们都具备了立足岗位、奉献社会的职业理想。大家的现身说法，将不同行业的酸甜苦辣一一道来，他们的经历吸引着同学们。此后每月一次的"模范、家长联合讲师团"成了我们共同的期盼。

教育的意义不仅仅是传授知识和本领,更有激励、鼓舞和唤醒。一个学期结束了,同学们逐渐认识到,人生最快乐的事莫过于为自己的理想而奋斗,而为人民利益而奋斗的志向更为可贵。虽然这一轮的"模范、家长联合讲师团"活动结束了,但种子已经在学生心中生根发芽。大家纷纷计划利用专业特长筹备成立护航天使志愿者服务队,为学校教职工、为社区居民和社会服务。我惊叹于孩子们的领悟能力和自我教育能力,也清晰地看到了职业理想之火被点燃。

帮学生圆梦

2013 年的秋天,我刚刚接手了一个美术设计班,就在第一天,一个叫承泽的女孩给我留下了非常深刻的印象。那是开学之初的大扫除,我在班级室内和室外卫生区来回指挥,同学们也忙得不可开交,只有她,一个人静静坐在座位上发呆。我走过去想问问原因,她一看我靠近,迅速起身,从教室后门一溜烟地逃走了,我完全没有料到她会逃跑。

第二天课间,看见她站在教室门口的走廊上,眼睛瞅着外面,我就亲切地喊了她一声,打算让她来办公室帮我做件事,没想到她仅是听到了我的声音,就连头也没回,从楼梯的另一头逃跑了。

接下来的几天里,我陆续地收到了关于她的信息,她连续几天迟到、上课睡觉、不交作业。甚至还有一次我见她没来上课打电话给她奶奶,她奶奶肯定地告诉我她在学校,而我最后在教学楼一侧的楼梯上找到了百无聊赖的她。

两次被自己的学生莫名地放鸽子,班级活动她不参与,我心想这个学生肯定有问题。那一年我刚刚拿到了国家二级心理咨询师和萨提亚家庭治疗师的资格证,我意识到,这孩子需要我的帮助!

我拨通了家长的电话,接电话的却是她的奶奶,这位当年青岛某重点高中的退休老教师叹着气将孩子的情况说给我听:孩子爸妈在孩子两岁左右就离异了,两个人都不管孩子,奶奶只好当起了监护人,奶奶心疼孙女的遭遇,对孙女比较溺爱。孩子初中学习不好，但对小点心之类的烘焙很有兴趣，经常连夜做小饼干分给同学吃，她和奶奶早就商量好了，职高就选个西点专业。没想到初三的时候，一直没有音信的妈妈回来了，妈妈本来就是个直脾气，心气又高，又没有养育孩子的经验和智慧，一看到孩子的成绩就气不打一处来，逼着孩子参加高考，还请求了班主任的帮助，将孩子私下里收藏的西式面点书强制收缴。孩子很委屈，很愤怒，和妈妈的关系越来越紧张。中考结束后，普高是进不去了，但孩子妈妈不死心，打听到我们这有高考班，就自作主张地给孩子报了名。孩子奶奶拗不过妈妈，只好连哄带劝把孩子送来了。听了这些，我决定寻找时机，好好会会这个承泽。

机会来了！体育课上她回教室睡觉，被我逮个正着。她有点胆怯又故作镇定。多年的心理学理论学习告诉我，不问青红皂白大声训斥青春期叛逆的孩子，结果只能适得其反，站在理解对方的角度上来处理问题可能会达到更好的效果，这就是心理学中的共情。我微笑地注视着她，先用手帮她理了理耳边的碎发，然后轻声问："昨晚没睡好？是做小点心啦？"她被惊了一下，低着头说："您怎么知道我会做点心，哦，肯定是我那个不着调的妈告诉您的。"我轻轻笑了，说："不着调？那你想不想听听我的故事？"接着我给她讲了我妈妈的故事，我跟我妈"战火不断，硝烟弥漫"，那时的我不认为我妈是爱我的，我为有这样的妈感到痛苦。果然，承泽被我的成长经历吸引住了，她说："老师，咱俩还挺像呢，那以后呢，你妈怎么样了？"她着急地问我。"以后再告诉你！"我说。

自我暴露后，承泽明显跟我走近了很多，我便趁热打铁要求她改掉迟到等坏毛病，她都一一做到了，我还给她安排了一个特殊的职位——班秘，即做班主任的秘书，给她随时可以来办公室找我的特权。有了这项特权她更有劲了，班级活动也更上心了。只是上课的时候，她依然会忍不住睡觉，她说她根本就不喜欢这个专业，上课跟听天书差不多。针对这个问题，我与她进行了好几次谈话，但她的态度始终很坚决，她想做点心。她奶奶是支持她的，关键是她妈妈。我跟她妈妈沟通了七八次，她妈妈终于想通了，不是只有高考这一条路才能成就她，行行出状元啊。

如今，承泽有了自己的小店，她每天忙忙碌碌，过得快乐又充实。有时我也问她:"看到同班同学都上大学去了,你后悔不？""不后悔！人这一辈子把自己喜欢的事做成自己的事业,这是最幸福的！"她斩钉截铁地说。

一杯姜糖水

这是一堂气氛活跃的班会课,学生们正在为即将举行的运动会出谋划策,我在一旁观察着正在热烈讨论的学生们,很快我的目光便落在了坐在墙角的小A身上。她的眼神迷茫,沉浸在自己的世界里,看到我注视她之后,她有些躲闪。本想等下课之后再找她聊聊,谁知她爸爸的电话一个接一个地打来,电话那边声音显然很焦虑。"老师,你看看小A在班里吗？她已经一周没给家里来电话了,可能把我电话拉黑了。"和家长进行简单沟通之后,才知道原来是因为小A上周偷偷带了两部手机到学校,回家之后,爸爸一气之下把她经常用的智能手机摔碎了。在这之后,我也开始关注这个特殊的学生,慢慢读懂她眼神里的悲伤。

小A很小的时候父母就离婚了,后来妈妈重新组建了家庭,爸爸工作很忙,经常不在家,所以小A常年和爷爷奶奶住在一起。爸爸脾气比较暴躁,反对小A和妈妈联系,所以周末小A都偷偷去妈妈那里,不敢让家里人知道,她多拿的那部手机也是为了和妈妈联系。可想而知,十几岁的孩子,内心有多为难。后来,我经常找小A谈心,慢慢地她也逐渐向我敞开心扉,我的办公室也为她准备了一个专门的小手机,这是我俩的约定。

解铃还须系铃人,我决定还是找机会和她爸爸妈妈交流一下。一年里,我通过电话、家长会、家访等一切机会,试图做通家长工作,缓和家庭矛盾,但情况总是反反复复。直到有一天,小A肚子疼,我再次拨通了她爸爸妈妈的电话,借着孩子生病的契机,我主动提出让孩子去妈妈那里待几天,没想到孩子父亲很爽快地同意了。妈妈很快来接孩子,并和我说:"老师,很感谢您,她爸爸就是脾气不好,对孩子还是很上心的,我也不是不想管孩子,有时候就是没办法。"后来,小A爸爸和我说:"从她妈妈那回家后,对我的态度好多了,还比以前懂事了。"其实,这一家人都是爱对方的,尤其是爸爸妈妈,对小 A 的爱都是满满的,只是没有表达出来。再后来,小 A 脸上的笑容逐渐多了起来。

一天,我感冒引起嗓子发炎,还伴有咳嗽,上完课赶紧回到办公室,端起水杯大口喝起来。这时,小 A 敲了下门,走了进来,手里端了个杯子,还冒着热气。她走到我身边,说:"老师,听您上课一直咳嗽,我正好拿了几包姜汁红糖,妈妈说对咳嗽有一定的治疗作用,我给您泡了一杯,您试试。"瞬间,我的内心充满惊喜和感动,惊喜于这杯暖暖的姜糖水,更感动于小 A 的勇敢表达。

爱是教育的根本,我在为人师的道路上因为付出爱而得到爱,也因为得到爱而充满前进的动力。

用我的适当转身,换你的华丽变身

班主任不仅是班级工作的领导者、组织者、实施者和教学工作的协调者,而且应该是班级里的一员。一个班级的精神风貌、学习风气、行为习惯如何,与班主任有很大的关系。因此班主任的责任重大,这不仅要求班主任具有强烈的事业心、责任感,更需要具备一定的学生管理和引导学生发展的能力和艺术。我带班的指导思想是:放手学生的成长,锻炼学生的自我管理能力,力求学生的个性和才能得到最大限度的发展,让每一个学生都能感受成功的喜悦。要实现这个目标,就需要班主任进行身份转变——从传统的班级"管理员"转变为规范动作的"教练员":即从让学生按照既定的规则去服从和完成一切,转变为引导学生如何制定目标、如何执行目标、如何实现目标;从指挥者转变为协调者、引导者。

进入中职的学生,青春期特点明显,有一定的自主意识,注重别人的看法,对家长和班主任的管理有抗拒心理;同时也存在自信心不足、独立思考解决问题能力欠缺、易受外界的影响的情况。这些问题表现在学习和生活行为上便是喜欢有人关注,又不喜欢被人管牢;喜欢咨询别人的意见,又不喜欢全盘接受别人的想法。这就需要我们班主任转变角色,不能只站在高处指挥全班,而是做好规范动作的指导,俯下身子与学生沟通交流,帮助学生寻找解决问题的对策和方法。

我通常在开学第一天就明确地告诉学生,不管自己的过去是辉煌灿烂还是晦暗无光,从这一刻起,大家又站在了同一起跑线上,重新变成一张新的白纸,未来的画卷是否绚丽,完全取决于现在和将来的自己。作为管理者,我会明确告知学生学校和班级的"红灯"规定,让他们明白哪些事情是坚决不能做的;对"绿灯"和"黄灯",均由大家共同商讨,从而提高学生的规则意识。班级里人人有事做,事事有人做,学生参与程度越高,班主任的工作就越轻松。每一位同学都是老师的小助手,班主任做好"扶"与"放",教会他们工作方法,适度放权,做好细心观察的"教练员",而不是发号施令的"管理员"。

2018级的小凯,进班时是一个安静少言的帅气大男孩,细心好学,勤奋向上,但是由于初中学业的平淡和能力的不出众,缺乏自信心,做事畏手畏脚,不敢展露自己的才能,对于老师的"命令"会不折不扣地服从,遇到班级的课外活动却置身事外。他的成绩也不是那么令人满意,量化成绩也因为明哲保身排名不低。通过接触我发现,小凯其实是一个很有思想、性格好强、喜欢钻研的学生,只是从小缺乏正确的引导和鼓励,才出现现在这种状态。针对小凯的性格特点,我决定大胆尝试,用自己"教练员"的身份,换取小凯的变身。我找到小凯,问他能否担任班委,他弱弱地和我说从来没有干过,眼神都没敢和我有一丝的交集,我提议让他干班长,他立刻回绝,担心自己做不好。我承诺我会做他的助手和"教练员",教给他如何去做,帮助他处理复杂的、难以摆平的所有事情。他最后答应会尽最大的努力干好这份工作。在刚开始的时候,他很希望我帮助他化解所有危机,不论大事小事都要向我报告,想牢牢抓住我这根"救命稻草"。

日子就在这拖拖拉拉中过了半个学期,高一下学期我有意识地开始放手,逐渐从班级事务中脱身,努力扮演好"教练员"。高一下学期筹备运动会时,小凯问我:"老师,这届运动会的入场式咱们怎么弄?""我这次不参与,你自己组织班委安排吧!按照上学期运动会的组织筹备程序进行就行。"他明显面露难色,疑惑地问了一句:"我们?""对啊,自己的事情要自己做!"我调侃道。小凯为难地离开了办公室。后来才知道,小凯自己惆怅了一天后才召开了班委会,他提议所有的同学进行头脑风暴,然后全班投票选出大家心目中最喜欢的方案,选出负责同学,责任到人,进行点对点的督促落实和彩排,最终顺利完成班级入场式的会演。这次运动会的组织工作,让小凯体验到了成功的喜悦,找到了自信,尝到了独立行事的快乐,也开始相信自己可以做好这样的"大事"。

小凯的学习和生活状态,从此发生了质的改变。借用小凯爸爸的话,"小凯的生活从当了班长之后开挂了"。高二开始,小凯不仅将班级工作安排得井井有条,自己的能力也得到了突飞猛进的发展。记得参加青岛市国际贸易技能大赛的时候,全市只有一个一等奖名额,小凯备赛过程中很是紧张,经常备赛到凌晨一两点,因为他给自己定了一个要在青岛市"扬名立万"的"宏伟"目标。功夫不负有心人,小凯获得了青岛市唯一一个一等奖。比赛现场公布成绩时,小凯紧紧地抱住我说:"老师,我赢了,一等奖!"眼泪顺着脸颊滑了下来。这次比赛的成功,给腼腆内向的小凯无疑打了一针强心剂。少言寡语的小凯积极报名参加校级、市级和省级的各项比赛和活动,并且都以第一名的成绩完美收官。后来,回校看我的时候,他跟我说:"郭老师,您真的和别的班主任不一样,没有您的鼓励,我不可能走到这一步。过去,我都不知道我可以做这么多事情。说实话,我小学连个班里的三好学生都不是,更不用说青岛市、山东省优秀学生了,还什么国家奖学金,想都不敢想。真的,郭老师,谢谢您给我了证明自己的机会!是您让认识到我自己原来可以这样活!"上了大学的小凯,更是一路过关斩将,参加各种活动,锋芒毕露。

班主任是全班学生的组织者、教育者,对创建良好的班集体,促进学生发展,陶冶学生情操,培养学生兴趣,具有举足轻重的作用。班主任一定要转变观念,不要只做宣读指令的"管理员",而是转身做好规范动作的"教练员",给充满生机、活力与创造力的学生一个机会,也许你就会看到不一样的风景,发现一个不一样的学生,成就不一样的未来。时代在变,学生在变,作为班主任不能再是规则的总设计师,不能再是一言堂,不能再是管理者,而应该是学生学习和生活上的引导者,偏差动作的纠正者,规范动作的强化者,必须从优秀"管理员"

转为合格"教练员"。

我们的班主任事业，就是我们的希望之田，我们播种着、耕耘着、收获着属于我们自己的那份成功和喜悦。转变身份，静心当好学生行为和学习的"教练员"，用我们班主任的适当放手，为学生的华丽变身添砖加瓦！

用一颗"大白"的心去做班主任

"大白"是迪士尼动画《超能陆战队》中的卡通形象，这个巨大的白色充气机器人，有着简单的线条和单一的表情，既像简约版的米其林，又像一块大号的棉花糖，柔软而体贴。就是这个"白胖子"，捕获了无数粉丝的芳心，当然也包括我的。只是出于班主任工作的敏感，面对这份"心动"也就多了几分思考，发现大白的精神和班主任日常工作有着许多异曲同工之处，如果怀揣一颗"大白"的心去做班主任，也许会有一番不同的体验。

一、温柔体贴，关怀备至

大白并没有什么先天的优势，但他却有着忠心耿耿、无微不至的性格。作为一名"私人健康助理"，有着良好的职业习惯和职业素养，时时刻刻关心主人的身心健康，给人以温暖和力量。我们作为班主任又何尝不是如此呢？只有让学生觉得老师可亲近、能信任，一切的教育才能奏效。反之，如果一味严厉，可能会造成学生在情感上的排斥与叛逆，反而会起到不好的教育效果。中职学生大多是既往教育的"失败者"，至少是"不适应者"，要重塑其自尊心和自信心，班主任工作就是其中的重要环节。带着"大白"般的性格走向学生，让他们重拾被关心、被重视的感受，在一定程度上可以"修复"他们在以往教育经历中受伤的心灵，继而才能让他们发现自我潜力和价值。

二、品德高尚，坚守底线

大白为了改善主人的情绪，带他飞翔、给他拥抱、找来朋友、助他报仇……

但是,大白对于主人的服从和宠溺也是有底线的——他绝不肯伤害人类。作为班主任,我们应该给予学生无限的情绪支持、长者般的宽容、朋友般的慰藉、父母般的嘱托,但这一切都应该是有底线的坚持——一切以学生终身的发展为出发点。所有的教育工作都是要帮助学生适应未来的生活,帮助学生发现并成为更好的自己。常听到有人感叹整天面对"差生",职业学校的教师缺乏成就感。个人认为,作为教师,特别是职业学校的班主任,我有时会对学生失望,也明白教育并不是万能的,但绝不能放弃对学生的期望,只有相信学生是可教的,我们的工作也才有存在的意义和价值。面对无理取闹的主人小宏,正是"大白"的不断坚持,最终帮助小宏蜕变成为一个崭新的自我。

三、技能过硬,样样拿手

大白的初始设置只是一个"私人健康助手",能够通过扫描感知主人的情绪和健康状况。随着剧情的深入发展,他不断升级为空手道高手、无敌战神、贴心暖男、超级英雄……我们作为新时代的班主任,要想工作出色,更是要"十八般武艺"样样精通。现代职业教育理念已经从传统的课堂授课学习,转变为培养学生的综合实践技能和核心职业素养。摆脱了"高考"的升学压力,中职学校的德育活动就有了更多的空间。合唱比赛、校园艺术节、趣味运动会、朗诵比赛、情景剧表演、篮球比赛……五花八门的班级活动都离不开班主任精心的指导和策划。作为优秀的班主任,如何调动学生的积极性,培养班干部的组织带头能力,这些都是必不可少的基本功。

其实,当班主任的过程,也是一个不断积累、每日学习的过程。没有谁生来就是万能的"大白",即便是"大白",也是开发者在经历了无数次的失败后,不断改进的结果。大白在给人温暖的同时也变得越来越强大,也希望我们在班主任工作中会不断重新认识自我,超越自我,怀揣一颗"大白"的心,做一个幸福的班主任!

做学生心灵的调音师

　　小时候梦想做一名老师,是因为受父母的影响;大学毕业后梦想做一名老师,是因为心目中教师这份工作是高尚、神圣的职业;而如今的梦想,我待会再告诉您。

　　故事要从 2012 年的夏天开始说起,一位冷漠的眼镜男孩在姑姑的陪同下站在了我面前。"老师,我送他来这里就是因为服装专业的男生少,他又管不住自己,家里怕他跟着男生瞎混。"姑姑的话无形中揭示了学生的过去,也道出了家长的良苦用心。开学后的 2012 级服装班,不多不少,只有一个男生,就是他。

　　接下来怎么办,严防死守吧,这是班主任最常用的方法,也是我的第一反应。于是,我联系了任课老师,安排了骨干学生,集体帮扶。就在我自以为防备严密的时候,宿舍管理员通知我,这个男生半夜从二楼跳窗户准备出去上网的时候被抓住了,苦口婆心加严厉批评后,他没有吭声,默默地走了。然而,第二次事故又来了,这次的他倒是开口了,很不屑地说:"这有什么,我本来就是个渣子生。"我瞬间愣住了,是啊,不少中职学生是带着另类的标签和消极的心理走进了我们的校门。

　　此刻我清醒地认识到:传统的思想教育和价值观教育很难撼动这类学生固有的思维与习惯,这个男生标志性冷漠的背后其实就是自卑,唯有慢慢帮助这些学生调整不良心态,排除自卑心理,帮助他们找到自身的闪光点,重新找回自信,这才是解决的方法。

　　接下来的日子,我依然严防死守,不过这次我是在寻找他的闪光点。终于有一天,在女生们的强烈推荐下,他接受了电教管理员这一职位,负责班级电脑、投影仪以及电视的管理工作,我惊喜地发现,这小家伙不但能很好地完成电教管理工作,竟然还能把出现故障的电脑修好。我兴奋地在班会上表扬他:"大家看,我们班唯一的男子汉还是 IT 精英呢。"学生们赞同地大笑,他的嘴角也露出了一丝难得的微笑。

后来类似的事情也多了起来,办公室老师的电脑、机房的电脑、实训室的缝纫机,无论哪里出故障都能看到他忙活的身影,在一次次被表扬、被肯定后,他的笑容多了起来,目光也柔和了很多。曾经的他眼镜后面是冷漠的目光,曾经的他嘴角上带着不屑的冷笑,曾经的他心里是满满的自卑。而如今的他,热情开朗,阳光自信,积极向上。

我用自己的行动和思想,影响身边每一个学生,那些带着他们快乐成长的日子,让我乐此不疲。故事开篇我提到我如今的梦想,现在我来告诉您,我如今的梦想是做学生心弦的调音师,用智慧和技能拨动学生的心弦,为学生的心灵校音,帮助他们奏响最美的乐曲。